CorelDRAW 图形设计基础

（第2版）

主　编　邓仕川　王晓兰
副主编　张权怀　廖　毅
参　编　陈　岱　张丽娟　张振康
　　　　罗　松　罗　辉　母玉落尔

北京理工大学出版社
BEIJING INSTITUTE OF TECHNOLOGY PRESS

内 容 简 介

CorelDRAW图形设计是平面设计、视觉传达、广告设计等图形图像相关工作领域的基本技能和职业能力。本书按照项目式理念，精选中国历史文化载体创设学习情境，介绍了图形设计的基础知识和基础技能。其中，项目一主要包含LOGO设计与制作、吉祥物设计与制作、蜀道文化节标语文字设计与制作，项目二主要包含宣传册封面与封底设计与制作、宣传册目录设计与制作、宣传册正文设计与制作，项目三主要包含礼品盒平面展示效果图设计与制作、礼品盒立体展示效果图设计与制作，项目四主要包含主页板式设计、主页头部区域设计与制作、主页内容区域设计与制作、主页底部区域设计与制作。

本书可供有志于从事平面设计、视觉传达、广告设计等行业的读者自学使用，也可作为影视爱好者增长知识、提升能力的普及性读物。

图书在版编目（CIP）数据

CorelDRAW图形设计基础 / 邓仕川，王晓兰主编，
2版. -- 北京：北京理工大学出版社，2025.1.
ISBN 978-7-5763-4802-6

Ⅰ. TP391.41

中国国家版本馆CIP数据核字第20250W9N56号

责任编辑：钟　博　　　**文案编辑：**钟　博
责任校对：刘亚男　　　**责任印制：**施胜娟

出版发行 / 北京理工大学出版社有限责任公司
社　　址 / 北京市丰台区四合庄路 6 号
邮　　编 / 100070
电　　话 /（010）68914026（教材售后服务热线）
　　　　　　（010）63726648（课件资源服务热线）
网　　址 / http：// www.bitpress.com.cn

版 印 次 / 2025 年 1 月第 2 版第 1 次印刷
印　　刷 / 定州市新华印刷有限公司
开　　本 / 889 mm×1194 mm　1/16
印　　张 / 10.5
字　　数 / 230 千字
定　　价 / 75.00 元

前言

PREFACE

党的二十大报告强调，要加快发展数字经济，促进数字技术和实体经济深度融合。在这一战略的指引下，随着数字化进程的加速推进，CorelDRAW 作为一款功能强大的图形设计软件，在数字创意产业中的地位日益重要。它已不仅是简单的图形绘制工具，更是设计师实现创意、提升效率的重要平台，深刻影响着数字内容创作的方式和效率。CorelDRAW 凭借其强大的矢量绘图功能和灵活的设计工具，能够有效提升设计作品的质量和表现力，是推动数字创意产业高质量发展的重要支撑，也是实现"创新驱动发展"战略的关键工具之一。

本书以习近平新时代中国特色社会主义思想为指导，贯彻落实党的二十大精神，以 CorelDRAW 图形设计软件为载体，介绍图形绘制、图像编辑、颜色设置、特效滤镜、排版布局等功能和使用方法、技巧，内容全面细致。具体来说，本书有以下特点。

（1）任务导向，情境真实。本书精选生产实践中的典型任务案例，经专业梳理后，遵循从单一到综合、从简单到复杂的认知规律编排内容。前序任务的实践成果自然成为后续探索的基础，帮助读者循序渐进地掌握所需知识与技能，在沉浸式体验中积累实战经验。

（2）知识落地，流程清晰。全书以目标明确的任务为核心，每个任务均包含清晰的任务描述、核心要点解析、必备知识铺垫与实操指南。在建立基础认知后，通过真实工作场景的范例引导，让"学用结合"成为常态。每个任务严格遵循实际工作逻辑分解为若干可直接参照的步骤，既能保证知识体系的完整性，又能确保技能操作的连贯性，有效降低学习门槛，让读者轻松上手。

（3）精选载体，价值融合。本书以党的二十大精神为指引，以蜀道文化节系列实践物料为学习载体，将信息意识、计算思维、数字责任与信息处理能力等素养与数字媒体认知、职业规范等实用价值自然融入每个任务。在具体实践过程中，读者将同步提升科学思维与综合素养，实现知识学习与价值塑造的双重收获。

（4）形式多元，自主学习。本书编排兼顾科学性与可读性，图、文、表有机结合，内容生动直观，配套电子资源包（如演示课件、技能操作微视频等），形成"可视化、可聆听、可操作"的立体化学习体系，支持项目式探索、案例式研读、模块化进阶等多种学习路径。无论读者偏好系统研读还是碎片化学习，都能灵活地利用书中资源，在任意时间、场景下实现高效自主提升。

由于编者水平有限，书中难免存在疏漏和不足之处，敬请广大教师和学生批评指正，我们将在修订时改进。

编　者

扫码获取本书资源

目录
CONTENTS

CDR

项目一

蜀道文化节VI设
计与制作

【1】

　　蜀道是承载着丰富的历史文化的符号。蜀道文化节旨在通过一系列活动弘扬蜀道文化，促进文化旅游的发展。为了增强蜀道文化节的品牌效应，本章详细阐述蜀道文化节 VI（Visual Identity，视觉识别）设计与制作的相关知识，旨在构建具有蜀道文化特色的品牌形象，提升蜀道文化节的辨识度和影响力。

学习目标

　　（1）掌握 VI 设计的基本概念和原则。了解 VI 设计的定义、目的和重要性，以及在 VI 设计过程中应遵循的基本原则，如统一性原则、识别性原则、系统性原则、规范性原则等。

　　（2）熟悉 CorelDRAW 的基本操作：掌握 CorelDRAW 的基本界面、工具栏、菜单等的使用方法，能够熟练地进行绘图、编辑、排版等操作。

　　（3）掌握 CorelDRAW 工具的应用。

　　①能够灵活运用 CorelDRAW 的各种工具（如形状工具、钢笔工具、贝塞尔工具、线条工具、文本工具等）进行图形绘制和文本编辑。

　　②掌握图层、组、对齐和分布等高级功能，提高 VI 设计效率。

　　（4）掌握图形设计与编辑。

　　①能够创作符合蜀道文化节主题的图形元素，如建筑、古道、文化符号等。

　　②能够熟练使用编辑工具对图形进行精细化调整，如修剪、变形、透视等。

　　（5）掌握色彩管理与应用。

　　①能够运用色彩理论进行色彩搭配，选择符合蜀道文化节主题的色彩组合。

　　②能够熟练使用 CorelDRAW 的填充和渐变工具，实现丰富的色彩效果。

　　（6）掌握文字设计与排版技巧。

　　①能够根据设计要求，设计独特的字体样式，体现蜀道文化节的特色。

　　②能够实现文字与图形的和谐统一。

任务导入

　　为了更好地宣传及推广蜀道文化节，为蜀道文化节设计与制作 LOGO、吉祥物、标语文字等 VI 文化符号。

任务一　LOGO设计与制作

● 1.1.1 任务描述

千里古蜀道，北起陕西，南至成都，历史悠久，文化厚重，值得发掘、研究、书写和重构。本任务结合蜀道文化和蜀道特色元素设计蜀道文化LOGO[①]。

1. 内容概述

1）设计前准备

首先，需要深入了解蜀道文化的历史背景、内涵和特色元素。通过收集相关资料、研究历史文献和实地考察，可以提炼出蜀道文化的核心价值和独特魅力，为LOGO设计提供灵感和依据。

其次，需要对CorelDRAW的基本操作和工具进行熟练掌握，以便在设计过程中能够灵活运用各种工具实现设计效果。

2）设计构思与草图绘制

在充分了解蜀道文化的基础上，进行LOGO设计的构思。可以考虑将蜀道文化的特色元素（如建筑、古道、文化符号等）与现代设计元素结合，创作出具有独特性和识别性的LOGO形象。在构思过程中，可以绘制多个草图，尝试不同的设计方向和风格，以便最终确定最适合蜀道文化节主题的LOGO设计方案。

3）精细设计与调整

确定基本的设计方案后，在CorelDRAW中进行精细设计与调整。可以使用CorelDRAW的绘图工具进行图形的绘制和编辑，使用填充和渐变工具进行色彩的处理和搭配。在设计过程中，需要不断地对设计效果进行预览和调整，确保设计效果达到最佳状态。

4）完善与输出

需要对设计完成的LOGO进行完善和优化，包括调整大小、比例、分辨率等参数，以确

---

① Logo是Logotype的缩写，通常指品牌标志，为了与后续操作的显示一致，本书采用"LOGO"的写法。

保 LOGO 在不同场合和媒介中都能保持良好的视觉效果。

2. 效果图展示

蜀道文化节 LOGO 效果图如图 1-1-1 所示。

图 1-1-1

3. 实施步骤

实施步骤如图 1-1-2 所示。

图 1-1-2

● 1.1.2 学习重点

（1）使用钢笔工具绘制需要的图形。
（2）使用形状工具修改图形的外形。
（3）对多个对象进行相应的造型操作。
（4）进行对象的镜像翻转与复制。

● 1.1.3 知识学习

1. 钢笔工具

在 CorelDRAW 中，钢笔工具是一个非常重要的绘图工具，它允许用户精确地绘制直线和曲线，从而创建复杂的图形和路径。钢笔工具还提供了其他选项和功能，如添加或删除锚点、连接或断开路径等，这些都有助于更精确地编辑和调整图形。

1）直线绘制

选择工具箱中的钢笔工具，在页面空白位置单击，确定开始节点，然后移动鼠标指针并单击确定下一个节点，此时两节点之间出现一条直线（按住 Shift 键可绘制水平线与垂直线），如图 1-1-3 所示。

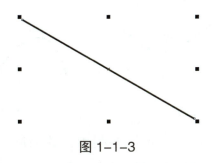

图 1-1-3

使用钢笔工具继续移动鼠标指针并单击添加节点，就可以进行连续绘制，如图 1-1-4 所示。若要停止绘制，可以双击或使用选择工具，将首、尾两个节点连接可以形成一个面，然后进行编辑与填充，如图 1-1-5 所示。

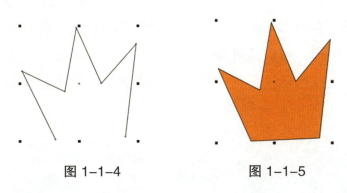

图 1-1-4　　　　　　　图 1-1-5

2）曲线绘制

使用钢笔工具绘制的线条是由可编辑节点连接而成的直线或曲线，每个节点都有两个控制点，用来修改线条的形状。

在曲线段上，每选中一个节点都会显示其相邻节点和一条或两条方向线，如图 1-1-6 所示。

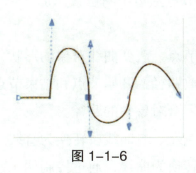

图 1-1-6

方向线与方向点的长短和位置决定曲线段的大小和弧度，移动方向线（方向线也称为控制线，方向点也称为控制点）会改变曲线的形状。使用钢笔工具绘制的曲线上的节点可分为"平滑节点"和"尖突节点"两种。

（1）平滑节点。调节方向线可以等比例调节当前节点两端的曲线，如图 1-1-7 所示。

（2）尖突节点。调节方向线只会调节节点一端的曲线，如图 1-1-8 所示。

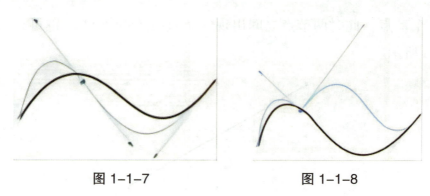

图 1-1-7　　　　　　　　　　图 1-1-8

　　钢笔工具可以绘制闭合的线段，也可以绘制闭合的图形，用户可以利用钢笔工具绘制矢量图形，单独绘制的线段和图形都以图层的形式存在。

2. 形状工具

　　使用形状工具可以直接编辑由手绘工具、贝塞尔工具、钢笔工具等绘制的对象，对于由矩形工具、椭圆形工具、多边形工具、文本工具等绘制的对象不能直接进行编辑，需要将其转换为曲线后才能进行编辑，可以通过增加与减少节点，移动方向点来改变曲线。形状工具组所包含的工具如图 1-1-9 所示。形状工具的属性栏如图 1-1-10 所示。

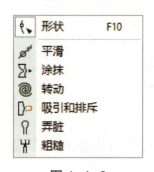

↖	形状	F10
⌀	平滑	
⅀	涂抹	
⊚	转动	
▯	吸引和排斥	
♀	弄脏	
⑂	粗糙	

图 1-1-9

图 1-1-10

　　形状工具属性栏中的功能按钮如下（从左到右）。

　　（1）添加节点：可在选中的节点左边中间位置添加一个节点，从而增加曲线对象中可编辑线段的数量。

　　（2）删除节点：删除选中的节点，改变曲线对象的形状，使之更加平滑或重新修改。

　　（3）连接两个节点：连接开放路径的开始节点和结束节点来创建闭合对象或路径。

　　（4）断开曲线：断开开放和闭合对象中的路径。

　　（5）转换为线条：将选中节点左、右曲线段转换为直线。

　　（6）转换为曲线：将直线段转换为曲线，通过控制柄（蓝色虚线箭头）更改曲线形状。

　　（7）尖突节点：通过将节点转换成尖突节点在曲线中创建一个锐角。

　　（8）平滑节点：通过将节点转换成平滑节点来提高曲线的平滑度。

　　（9）对称节点：将同一曲线形状运用到节点两侧。

　　（10）反转方向：反转开始节点和结束节点的位置。

（11）提取子路径：从对象中提取所选的子路径来创建两个独立的对象。

（12）延长曲线使之闭合：使用直线连接开始节点和闭合节点来闭合曲线。

（13）闭合曲线：结合或分离曲线的末端节点。

（14）延展与缩放节点：延展与缩放曲线对象的段。

（15）旋转与倾斜节点：旋转与倾斜曲线对象的段。

（16）对齐节点：水平、垂直对齐节点或通过控制柄对齐节点。

（17）水平反射节点：编辑对象中水平镜像的相应节点。

（18）垂直反射节点：编辑对象中垂直镜像的相应节点。

（19）弹性模式：像拉伸橡皮筋一样为曲线创建一种形状。

（20）选择所有节点：选择曲线对象中的所有节点。

（21）减少节点：通过自动删除选定内容中的节点来提高曲线的平滑度。

（22）曲线平滑度：通过更改节点的数量来调整曲线的平滑度。

（23）边框：使用曲线工具时显示/隐藏边框。

形状工具无法对组合的对象进行修改，只能逐个修改单个对象。

3. 造型操作

1）造型命令

造型命令可通过以下两种方法来实现。

（1）方法一。在使用选择工具选中两个或两个以上对象时，在其属性栏中即可出现造型功能按钮，如图 1-1-11 所示。

（2）方法二。选择"对象"→"造型"命令，在弹出的子菜单中可以看到 7 个造型命令，分别是"合并""修剪""相交""简化""移除后面对象""移除前面对象"和"边界"，从中选择某一命令，即可进行相应操作，如图 1-1-12 所示。

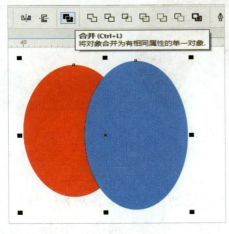

图 1-1-11

图 1-1-12

2）"焊接（合并）"操作

"焊接（合并）"主要用于将两个或两个以上对象结合在一起，成为一个独立的对象。选中需要结合的两个或两个以上对象，在"造型"下拉列表中选择"形状"选项，单击"焊接到"按钮（图1-1-13），然后在画面中单击目标对象，例如目标对象为红色圆形，那么焊接（合并）后的图形颜色为红色，效果如图1-1-14所示。

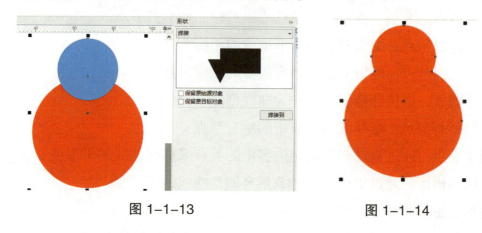

图1-1-13   图1-1-14

3）"修剪"操作

"修剪"主要用于通过移除重叠的对象区域来创建形状不规则的对象。"修剪"命令几乎可以修剪任何对象，包括克隆对象、不同图层上的对象及带有交叉线的单个对象，但是不能修剪段落文本、尺度线或克隆的主对象。要修剪的对象是目标对象，用来执行修剪的对象是源对象。修剪完成后，目标对象保留其填充和轮廓属性。在"造型"下拉列表中选择"修剪"选项，单击"修剪"按钮（图1-1-15），单击目标对象，例如红色圆形修剪效果如图1-1-16所示，蓝色三角形修剪效果如图1-1-17所示。

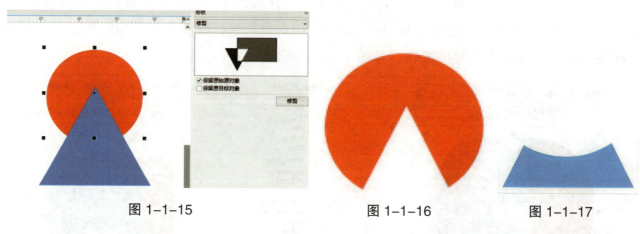

图1-1-15   图1-1-16   图1-1-17

4）"相交"操作

使用"相交"命令可以将两个或两个以上对象的重叠区域创建为一个新对象。使用选择工具选择重叠的两个图形对象，在"造型"下拉列表中选择"相交"选项，单击"相交对象"按钮（图1-1-18），然后在画面中单击目标对象，两个图形相交的区域得以保留，例如绿色圆形的相交效果如图1-1-19所示。

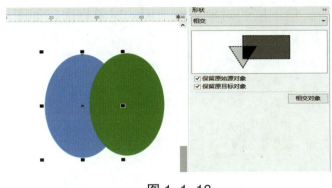

图 1-1-18　　　　　　　　　　　　　　图 1-1-19

5）"简化"操作

"简化"与"修剪"的效果类似，但是在简化对象后绘制的图形会修剪先绘制的图形。选择两个或两个以上重叠的对象，在"造型"下拉列表中选择"简化"选项，单击"应用"按钮（图 1-1-20），然后在画面中单击目标对象，用选择工具移动目标对象后即可看见简化的效果，如图 1-1-21 所示。

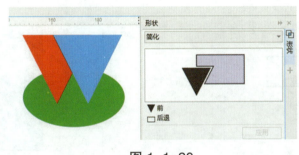

图 1-1-20　　　　　　　　　　　　　　图 1-1-21

6）"移除前面对象"或"移除后面对象"操作

"移除前面对象"或"移除后面对象"与"简化"的功能相似，不同的是在执行"移除后面对象"或"移除前面对象"操作后，会按一定顺序进行修剪及保留。执行"移除后面对象"操作后，最上层的对象将被下面的对象修剪。在图 1-1-22 所示的面板中选择"移除后面对象"选项，单击"应用"按钮，则只保留修剪生成的对象，如图 1-1-23 所示。

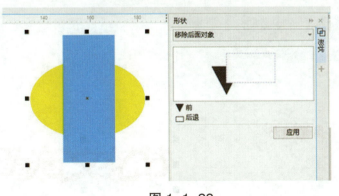

图 1-1-22　　　　　　　　　　　　　　图 1-1-23

执行"移除前面对象"操作后，最下层的对象将被上面的对象修剪，如图1-1-24所示。

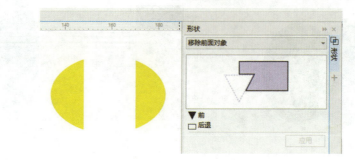

图1-1-24

7）"边界"操作

执行"边界"操作后，可以自动在图层上的选定对象周围创建路径，从而创建边界。在"造型"下拉列表中选择"边界"选项，单击"应用"按钮（图1-1-25），用选择工具移动对象可以看到图形周围出现一个与对象外轮廓形状相同的图形（图1-1-26），此时可以对生成的边界的颜色、宽度、大小及角度等进行单独设置。

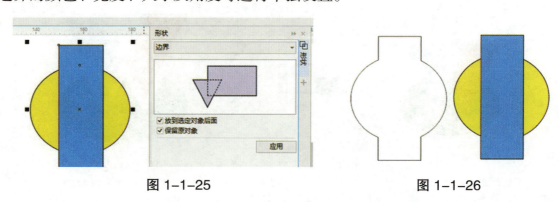

图1-1-25   图1-1-26

4.对象的镜像翻转与复制

1）镜像

（1）水平镜像。选中需要镜像的物体，单击选项栏中的"水平镜像"按钮，如图1-1-27所示。

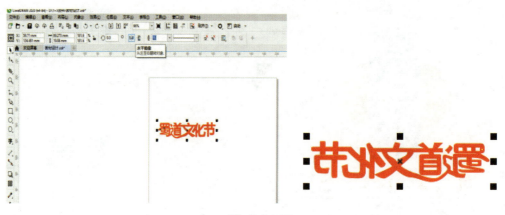

图1-1-27

（2）垂直镜像。选中需要镜像的物体，单击选项栏中的"垂直镜像"按钮，如图1-1-28所示。

图1-1-28

2）复制

（1）方法一。选中需要复制的物体，移动到指定位置并按住鼠标左键不放，单击鼠标右键，如图1-1-29所示。

图1-1-29

（2）方法二。选中需要复制的物体，按"Ctrl+D"组合键，如图1-1-30所示。

图1-1-30

（3）方法三。利用"步长和重复"命令（"Ctrl+Shift+D"组合键），进行精确复制，如图1-1-31所示。

图1-1-31

5. 透明度工具

透明度工具位于左侧工具栏，用于通过改变对象填充色的透明程度来添加效果。透明度的样式有很多种，运用这些样式可以产生丰富的画面效果。透明度工具属性栏如图 1-1-32 所示。

图 1-1-32

（1）均匀透明度。选中添加透明度的对象，然后选择透明度工具，在属性栏中单击"均匀透明度"按钮，再通过调整滑块来设置透明度大小，如图 1-1-33 所示 。

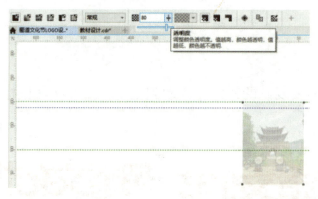

图 1-1-33

（2）渐变透明度。选择透明度工具，然后将鼠标指针移动到图形上，鼠标指针所在的位置为渐变透明度的开始点，该点的透明度为 0，然后单击并按住鼠标左键不放，向右边拖动渐变范围，黑色方块是渐变透明度的结束点，该点的透明度为 100，松开鼠标左键，对象会显示渐变效果，拖动中间的"透明度中心点"滑块可以调整渐变效果，如图 1-1-34 所示。

渐变透明度的类型包括"线性渐变透明度""椭圆形渐变透明度""锥形渐变透明度"和"矩形渐变透明度"，可以在属性栏中进行切换，如图 1-1-35 所示。

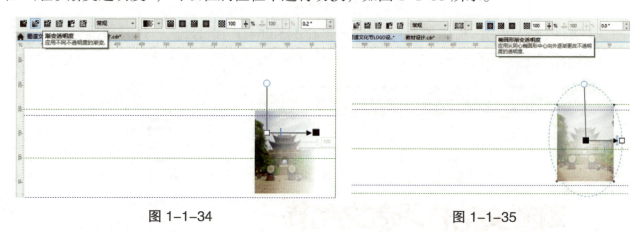

图 1-1-34   图 1-1-35

（3）向量图样透明度。选中添加透明度的对象，然后选择透明度工具，在属性栏中单击"向量图样透明度"按钮，再选取合适的图样，接着通过调整"前景透明度"和"背景透明度"来设置透明度大小，如图 1-1-36 所示。

图 1-1-36

● 1.1.4 实践过程

（1）启动 CorelDRAW，新建一个空白文档并命名为"蜀道文化节 LOGO 设计"。设置页面大小为宽 200 mm × 高 200 mm，分辨率为 300 dpi，如图 1-1-37 所示。

图 1-1-37

（2）选择"工具"→"选项"→"CorelDRAW"选项（"Ctrl+J"组合键），如图 1-1-38 所示；单击"文档"按钮，如图 1-1-39 所示；选择"辅助线"→"预设"→"预设类型"→"用户定义的预设"选项，如图 1-1-40 所示；在"网格"→"间距"下将"水平"和"垂直"均设置为 100 mm，如图 1-1-41 所示；建立图 1-1-42 所示的参考线。

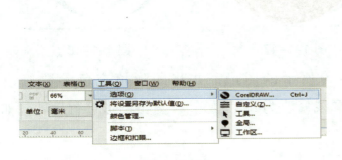

图 1-1-38

图 1-1-39

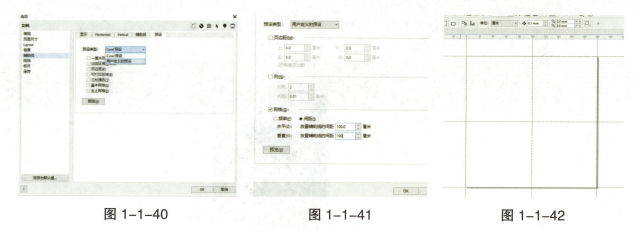

图 1-1-40 　　　　　　　　　　　图 1-1-41 　　　　　　　　　　　图 1-1-42

（3）选择椭圆形工具，将鼠标指针放置到文档的中心位置，按住"Ctrl+Shift"组合键绘制以鼠标指针为中心的正圆（图 1-1-43）；为正圆填充颜色并打开"编辑填充"面板，更改颜色参数为"C：100，M：73，Y：46，K：7"（图 1-1-44）；将轮廓线修改为"无填充"（图 1-1-45）。

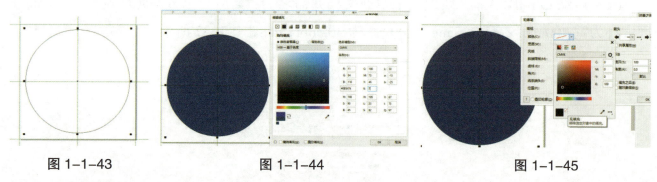

图 1-1-43 　　　　　　　　　　　图 1-1-44 　　　　　　　　　　　图 1-1-45

（4）选择绘制的蓝色正圆，按住鼠标左键不放，水平向右拖动，单击鼠标右键复制一个正圆，把复制出的正圆填充为红色，并按住 Shift 键等比例放大红色正圆（图 1-1-46）；框选两个正圆，在工具栏中单击"修剪"按钮（图 1-1-47）；用同样的方法绘制右半边月牙图形（图 1-1-48）。

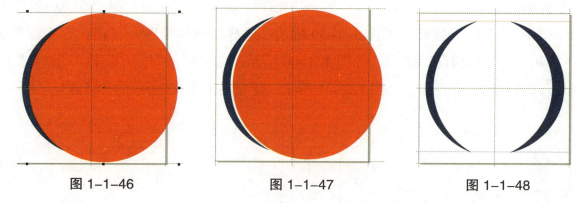

图 1-1-46 　　　　　　　　　　　图 1-1-47 　　　　　　　　　　　图 1-1-48

（5）选择钢笔工具，绘制图 1-1-49 所示的图形，并将图形填充色参数修改为"C：0，M：87，Y：100，K：0"，将轮廓线修改为"无填充"，双击图形进行旋转，如图 1-1-50 所示。

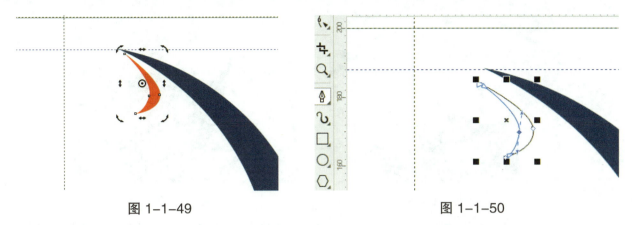

图 1-1-49　　　　　　　　　　　　　　　　图 1-1-50

（6）选择"文件"→"导入"命令（"Ctrl+I"组合键），选择"素材文件"→"第一章"→"任务一"→"剑门关.jpg"，并把素材图片调整到合适的大小和位置（图1-1-51）。选择透明度工具，在素材图片上拖动，再单击透明度工具属性栏中的"编辑透明度"按钮（图1-1-52）。在"编辑透明度"面板中单击"均匀透明度"按钮后单击"OK"按钮（图1-1-53）。

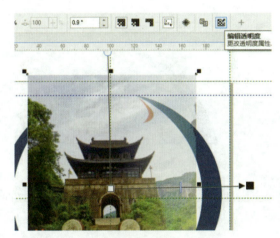

图 1-1-51　　　　　　　　　　　　　　　　图 1-1-52

（7）选择钢笔工具，并结合形状工具绘制图1-1-54所示的图形，并将图形填充色参数修改为"C：91，M：50，Y：100，K：16"到"C：79，M：11，Y：58，K：0"的垂直线性渐变（图1-1-55）。将轮廓线修改为"无填充"（图1-1-56）。

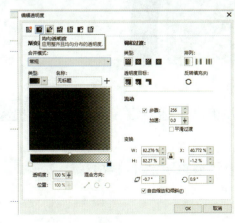

图 1-1-53　　　　　　　　　　　　　　　　图 1-1-54

图 1-1-55

图 1-1-56

（8）选中绘制的城楼顶图形，按"Ctrl+D"组合键，再单击"水平镜像"按钮复制出城楼顶的另一半（图 1-1-57），并把这一半水平向右移动拼接出一个完整的城楼顶图形（图1-1-58）。

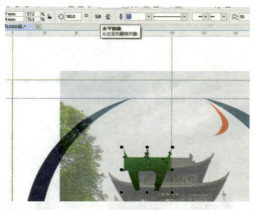
图 1-1-57

图 1-1-58

（9）重复步骤（7）、（8）的方法，绘制城楼的下半部分（图 1-1-59）。

图 1-1-59

（10）选择文本工具，在文档中输入"蜀"字，并单击鼠标右键，在弹出的快捷菜单中选择"转换为曲线"命令（图 1-1-60）。

（11）选择形状工具（F10 键），对"蜀"字进行形状编辑（图 1-1-61）。

图 1-1-60　　　　　　　　　　　　　　图 1-1-61

（12）为编辑好的变形"蜀"字图形填充绿色（C：91，M：50，Y：100，K：16），选择矩形工具，绘制矩形条填充为浅绿色（C：63，M：6，Y：58，K：0），再用鼠标右键单击矩形条，在弹出的快捷菜单中选择"转换为曲线"命令，利用形状工具把矩形修改为梯形（图1-1-62），然后选择梯形后选择"编辑"→"步长和重复"命令（图1-1-63）。

图 1-1-62　　　　　　　　　　　　　　图 1-1-63

（13）在"步长和重复"面板中设置图 1-1-64 所示的参数，并调节复制的梯形长度，效果如图 1-1-65 所示。

图 1-1-64　　　　　　　　　　　　　　图 1-1-65

（14）框选变形"蜀"字图形，将其与城楼图形拼接到一起，删除背景（图 1-1-66）。框选 LOGO 的中间图形，单击鼠标右键，在弹出的快捷菜单中选择"组合"命令，再等比例放大，效果如图 1-1-67 所示。

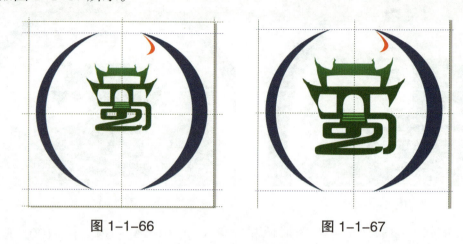

图 1-1-66　　　　　　　　　图 1-1-67

（15）选择"文件"→"另存为"命令，将文件保存为"蜀道文化节 LOGO 设计 .cdr"（图 1-1-68）。

图 1-1-68

● 1.1.5 总结和评价

对照表 1-1-1 进行总结和评价。

表1-1-1　总结和评价表

评价指标	评价结果	备注
能够根据需要正确建立文件并设置大小，以及建立参考线	□A □B □C	
能够使用钢笔工具绘制需要的图形	□A □B □C	
能够使用形状工具编辑图形的外形	□A □B □C	

评价指标	评价结果	备注
能够对多个对象进行相应的造型操作	□A □B □C	
能够进行对象的镜像翻转与复制	□A □B □C	
综合评价		

实训报告

实训项目			
实训时间		课时安排	
实训地点		主要工具	

实训过程（根据提示写出具体步骤和使用的工具）

1.制作LOGO外部形状

2.绘制LOGO主体城楼形状

3.绘制LOGO主体变形"蜀"字形状

4.设计与制作LOGO的整体颜色

5.进行LOGO的整体布局与设计

实训总结

● 1.1.6 拓展案例

结合班级文化及专业特色设计一个有创意、美观的班级 LOGO。

▷ 设计要领

（1）建立文档、标尺、参考线。

（2）绘制设计草图。

（3）使用钢笔工具配合形状工具绘制 LOGO 的基础元素形状。

（4）使用图形的编辑工具及命令绘制标准的图形形状。

（5）根据设计合理选择及搭配颜色。

任务二　吉祥物设计与制作

● 1.2.1 任务描述

蜀道作为中国古代重要的交通要道，具有丰富的历史文化内涵和独特的地理风貌。蜀道文化节旨在通过一系列文化活动，弘扬蜀道文化，促进文化交流与传承。设计一款具有代表性、文化性和趣味性的吉祥物，对于提升蜀道文化节的知名度和影响力具有重要意义。

1. 内容概述

1）设计前准备

首先，需要深入了解具有蜀道文化特色的动植物元素。通过收集相关资料、实地考察，可以提炼出蜀道文化的核心元素，为吉祥物设计提供灵感和依据。

其次，需要对 CorelDRAW 的基本操作和工具进行熟练掌握，以便在设计过程中能够灵活运用各种工具，实现设计效果。

2）设计构思与草图绘制

在充分收集蜀道特有动植物资料的基础上，进行吉祥物设计的构思。可以考虑将蜀道文化的特色元素（如剑门关等标志性建筑，羚牛、大熊猫、凤凰、金丝猴等动物，古道等文化符号）与现代设计元素结合，创作出具有独特性和识别性的吉祥物形象。在构思过程中，可以绘制多个草图，尝试不同的设计方向和风格，以便最终确定最适合蜀道文化节主题的吉祥物设计方案。

3）精细设计与调整

最终确定以羚牛为吉祥物形象，然后可以在 CorelDRAW 中进行精细设计与调整。可以使用 CorelDRAW 的绘图工具进行图形的绘制和编辑，使用填充和渐变工具进行色彩的处理和搭配，使用文字工具进行文字的排版和设计。

4）完善与输出

需要对设计完成的吉祥物进行完善和优化，包括调整大小、比例、分辨率等参数，以确保吉祥物在不同场合和媒介中都能保持良好的视觉效果。

2. 效果图展示

蜀道文化节吉祥物效果图如图 1-2-1 所示。

图 1-2-1

3. 实施步骤

实施步骤如图 1-2-2 所示。

图 1-2-2

● 1.2.2 学习重点

（1）使用贝塞尔工具绘制需要的图形。

（2）进行对象的顺序编辑与组合。

（3）进行轮廓的编辑与填充。

（4）进行对象的填充。

● 1.2.3 知识学习

1. 贝塞尔工具

贝塞尔曲线是由法国工程师皮埃尔·贝塞尔所发现的一种规律，表现在 CorelDRAW 中就是通过确定多个节点的位置及方向线的方向与位置即可描述任意形态的曲线。贝塞尔曲线是计算机绘图软件最基本的理论依据。

1）直线绘制

单击工具箱中的贝塞尔工具，在页面空白位置单击，确定开始节点，然后移动鼠标指针并单击确定下一个节点，此时两点之间出现一条直线（按住 Shift 键可绘制水平线、垂直线及 45° 线），如图 1-2-3 所示。

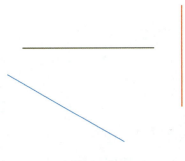

图 1-2-3

使用贝塞尔工具继续移动鼠标指针并单击添加节点，就可以进行连续绘制（图 1-2-4）；若要停止绘制，可以使用选择工具（Space 键），将首、尾两个节点连接可以形成一个面，然后进行编辑与填充（图 1-2-5）。

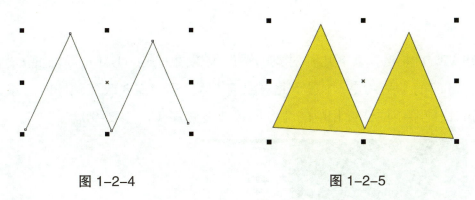

图 1-2-4　　　　　　　　　　　图 1-2-5

2）曲线绘制

使用贝塞尔工具绘制的线条是由可编辑节点连接而成的直线或曲线，每个节点都有两个控制点，用来修改线条的形状。

在曲线段上，每选中一个节点都会显示其相邻节点和一条或两条方向线（图 1-2-6）。

图 1-2-6

方向线与方向点的长短和位置决定曲线段的大小和弧度，移动方向线会改变曲线的形状。使用贝塞尔工具绘制的曲线上的节点可分为"平滑节点"和"尖突节点"两种。

（1）平滑节点。调节方向线可以等比例调节当前节点两端的曲线（图1-2-7）。

（2）尖突节点。调节方向线只会调节节点一端的曲线（图1-2-8）。

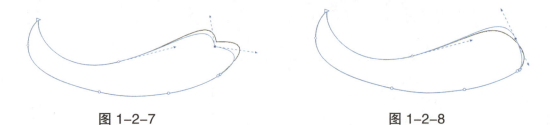

图1-2-7   图1-2-8

使用贝塞尔工具可以绘制闭合的线段，也可以绘制闭合的图形，用户可以利用贝塞尔工具绘制矢量图形，单独绘制的线段和图形都以图层的形式存在。

2. 对象的顺序编辑与组合

CorelDRAW提供了多个命令和工具来排列和组合对象，下面主要介绍对象的顺序编辑与组合的相关技巧。

1）对象的顺序编辑

在CorelDRAW中主要有以下几种对象的顺序编辑的方式：①到页面前面/背面；②到图层前面/后面；③向前/后一层；④置于此对象前/后。选中需要改变顺序的对象，单击鼠标右键，在弹出的快捷菜单中选择相应的命令即可改变顺序（图1-2-9）。

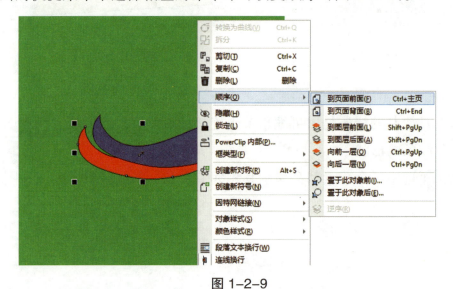

图1-2-9

2）对象的组合与取消群组

在编辑比较复杂对象时，为了方便操作，可以对一些对象进行组合，将其看作一个单独的对象，也可以取消群组以进行单个对象的操作。

（1）对象的组合。

组合对象的方法有以下 3 种。

①方法 1。选中需要组合的对象并单击鼠标右键，在弹出的快捷菜单中选择"组合"命令（图 1-2-10）。

②方法 2。选中需要组合的对象，然后选择"对象"→"组合"→"组合"命令，或按"Ctrl+G"组合键进行快速组合（图 1-2-11）。

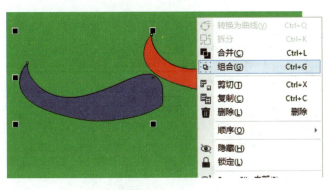
图 1-2-10

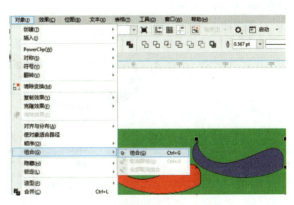
图 1-2-11

③方法 3。选中需要组合的对象，在属性栏中单击"组合"按钮 进行组合。

（2）取消群组。

取消群组的方法有以下 3 种。

①方法 1。选中已组合的对象并单击鼠标右键，在弹出的快捷菜单中选择"取消群组"命令（图 1-2-12）。

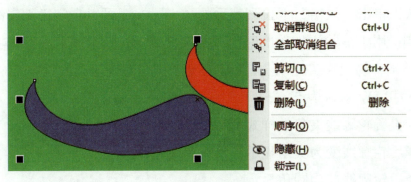
图 1-2-12

②方法 2。选中已组合的对象，然后执行"对象"→"组合"→"取消群组"命令，或按"Ctrl+U"组合键快速取消群组。

③方法 3。选中已组合的对象，在属性栏中单击"取消组合对象"按钮 进行快速解组。

（3）全部取消组合。

使用"全部取消组合"命令，可以将组合对象进行彻底解组，变为最基本的独立对象。全部取消组合的方法可参照取消群组的方法。

3. 轮廓的编辑与填充

在吉祥物的绘制过程中，通过编辑对象轮廓线的风格、颜色、宽度、造型等属性可以使吉祥物的颜色丰富、线条生动活泼，从而提高设计制图水平及色彩搭配能力。

1）"轮廓笔"对话框

"轮廓笔"对话框用于设置轮廓线的属性，包括颜色、宽度、风格、斜接限制、箭头、书法等（图1-2-13）。

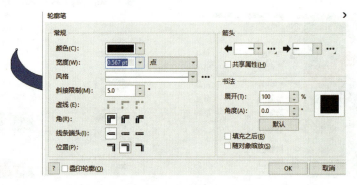

图 1-2-13

（1）颜色：在"颜色"下拉列表中，可以选择已有的颜色进行填充，也可以单击"滴管"按钮吸取"颜色"下拉列表中的颜色进行填充。

（2）宽度：设置轮廓线的宽度，可以手动输入数值，也可进行选择，在后面的下拉列表中选择单位。

（3）风格：可以在下拉列表中选择线条的样式。

（4）编辑样式：单击"风格"下拉列表后的"…"按钮可以自定义编辑线条的样式。

（5）斜接限制：用于消除添加轮廓时出现的尖突情况，可以直接在文本框中输入数值进行修改（数值越小越容易出现尖突），在正常情况下 45° 为最佳，低版本 CorelDRAW 默认为 45°，高版本 CorelDRAW 默认为 5°。

（6）角：用于设置轮廓线夹角的样式。

①尖角：选择后轮廓线变为尖角显示，默认为尖角。

②圆角：选择后轮廓线变为圆角显示。

③平角：选择后轮廓线变为平角显示。

（7）线条端头：用于设置单线条或未闭合路径线段顶端的样式（节点在线段边缘、使端点更平滑、节点包裹在线段内）。

（8）箭头：可以设置/添加左边与右边端点的箭头样式。左、右两个选项可以进行快速操作和编辑设置，分别控制相应方向的箭头样式（无、对换、属性、新建、编辑、删除、共享属性）。

（9）书法：可以将单一粗细的线条修饰为书法线条（展开、角度、笔尖形状、默认）。

（10）随对象缩放：勾选该复选框后，在放大或缩小对象时，轮廓线也会随之变化；若不勾选该复选框，则轮廓线宽度不变。

2）轮廓线颜色

设置轮廓线颜色可以将轮廓与对象分开，也可以使轮廓线效果更丰富。设置轮廓线颜色的方法有以下3种。

（1）选中对象，在右边的默认调色板中单击鼠标右键进行修改，在默认情况下，单击为填充对象，单击鼠标右键为填充轮廓线。

（2）选中对象，在状态栏中双击轮廓线颜色，在弹出的"轮廓线"对话框中进行设置。

（3）选中对象，打开"轮廓笔"对话框，在"颜色"文本框中输入数值进行设置。

4. 对象的填充

1）交互式填充

CorelDRAW 中的交互式填充工具下面包含均匀填充、渐变填充、向量图样填充、位图图样填充、双色图样填充、底纹填充等填充方式，如图 1-2-14 所示。

图 1-2-14

2）智能填充

CorelDRAW 中的智能填充工具能快速为对象填充"填充色"及轮廓颜色、宽度等，如图 1-2-15 所示。

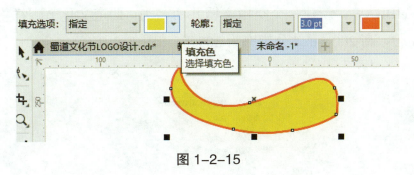

图 1-2-15

3）网状填充

使用网状填充工具可以设置不同的网格数量和节点位置为对象设置不同填充色的混合效果。网状填充工具属性栏如图 1-2-16 所示。

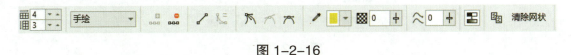

图 1-2-16

27

（1）网格大小：可分别设置水平方向和垂直方向的网格数目。

（2）选取范围模式：在该下拉列表中选择"矩形"或"手绘"选项，作为选定内容的选取框。

（3）添加交叉点：可以在网状填充的网格中添加一个交叉点（单击填充对象的空白处出现一个黑点时该按钮才可用）。

（4）删除节点：删除所选节点，改变曲线对象的形状。

（5）转换为线条：将所选节点处的曲线转换为线条。

（6）转换为曲线：将所选节点对应的直线转换为曲线，转换为曲线后的线段会出现两个控制柄，通过调整控制柄可以更改曲线的形状。

（7）尖突节点：单击该按钮可将所选节点转换为尖突节点。

（8）平滑节点：单击该按钮可以将所选节点转换为平滑节点，提高曲线的平滑度。

（9）对称节点：将同一曲线形状应用到所选节点的两侧，使节点两侧的曲线形状相同。

（10）平滑网状颜色：减少网状填充中的硬边缘，使填充色过渡更加柔和。

（11）选择颜色：从文档窗口中对选定节点进行颜色选取。

（12）网状填充颜色：为选定节点选择填充色。

（13）透明度：设置所选节点的透明度，单击该按钮出现透明度块，然后拖拽滑块，即可设置所选节点区域的透明度。

（14）清除网状：移除对象中的网状填充。

● 1.2.4 实践过程

（1）启动 CorelDRAW，新建一个空白文档并命名为"蜀道文化节吉祥物设计"。设置页面大小为宽 200 mm× 高 200 mm，分辨率为 300 dpi（图 1-2-17）。

图 1-2-17

（2）选择"工具"→"选项"→"CorelDRAW"选项，设置图 1-2-18 所示的参考线。

图 1-2-18

（3）选择贝塞尔工具，绘制一个图 1-2-19 所示的多边形，再选择形状工具框选多边形上的全部节点，单击鼠标右键，在弹出的快捷菜单中选择"到曲线"命令（图 1-2-20）。

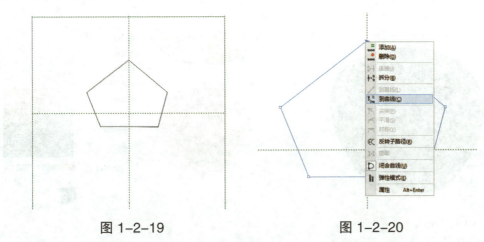

图 1-2-19   图 1-2-20

（4）使用形状工具调节多边形上的"贝塞尔点"，使多边形成为图 1-2-21 所示形状。将图形填充色参数修改为"C：0，M：22，Y：60，K：0"（图 1-2-22）。

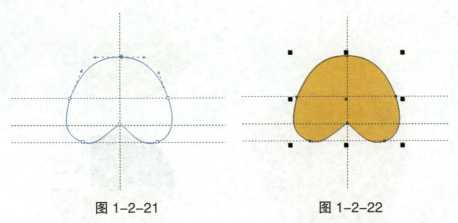

图 1-2-21   图 1-2-22

（5）利用步骤（3）、（4）的方法绘制图 1-2-23 所示的图形，并把图形移动到图 1-2-22 所示图形上，再单击鼠标右键，在弹出的快捷菜单中选择"顺序"→"置于此对象后"命令（图 1-2-24）。

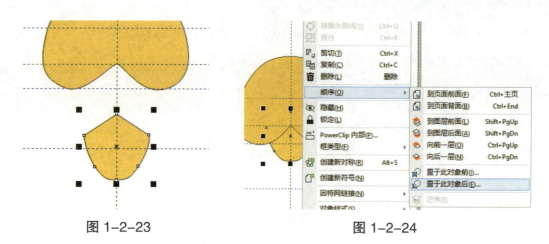

图 1-2-23   图 1-2-24

（6）利用前面步骤的方法绘制图 1-2-25 所示的图形，并将图形填充色参数修改为"C：53，M：100、Y：100，K：40"。利用"Ctrl+C""Ctrl+V"组合键复制和粘贴该图形，并更改复制图形填充色参数为"C：16，M：62，Y：42，K：0"，边缘轮廓为"无轮廓"（图 1-2-26）。

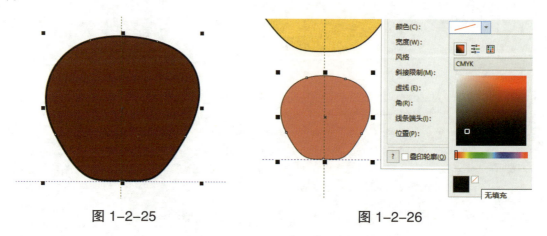

图 1-2-25   图 1-2-26

（7）使用形状工具，选择粉红色图形，在图形边缘双击，添加一个节点（图 1-2-27），再把上面 3 个节点向下移动并选中左、右两个节点，单击鼠标右键，在弹出的快捷菜单中选择"删除"命令（图 1-2-28）。

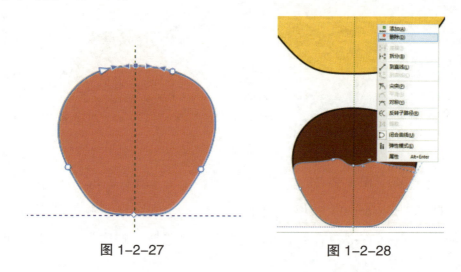

图 1-2-27   图 1-2-28

（8）使用形状工具微调中间节点的弧度（图1-2-29），再选择粉红色和深红色两个图形，单击鼠标右键，在弹出的快捷菜单中选择"组合"命令，把两个图形组合成一个（图1-2-30）。

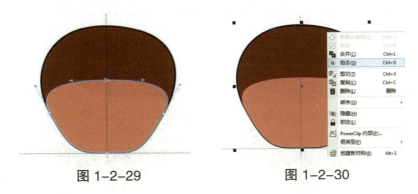

图1-2-29　　　　　　　　图1-2-30

（9）把组合图形缩放到合适的大小，改变图形顺序，组合成图1-2-31所示效果。

（10）选择椭圆形工具，绘制一个填充色为"C：89，M：51，Y：20，K：0"的椭圆形，再复制该椭圆形，按住Shift键拖动缩小复制的椭圆形，并更改填充色为黑色，轮廓为"无"。用同样的方法绘制一个放大的白色椭圆形，并改变顺序放到黑色椭圆形的最下面（图1-2-32）。

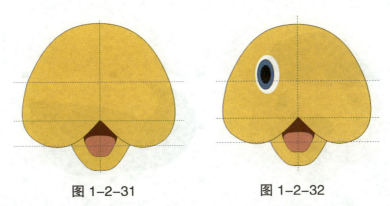

图1-2-31　　　　　　　　图1-2-32

（11）选择黑色椭圆形并复制，把填充色改为白色，缩小并放到合适的位置，选中"眼睛"的几个椭圆形执行"组合"命令，整体进行缩放旋转（图1-2-33）。选中"眼睛"图形，按"Ctrl+Shift+D"组合键在面板中设置图1-2-34所示参数，再执行"水平镜像"命令，效果如图1-2-35所示。

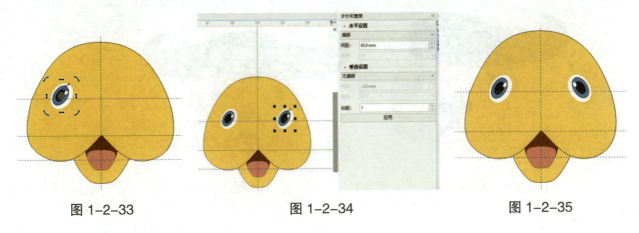

图1-2-33　　　　　　图1-2-34　　　　　　图1-2-35

（12）选择贝塞尔工具，结合形状工具绘制图1-2-36所示的"头发"图形，填充色为黑色，并更改顺序为"到页面前面"。

（13）同样使用贝塞尔工具，结合形状工具绘制图1-2-37所示的"鼻子"图形，并对"鼻子"图形的线条执行"组合"命令，将顺序设置为"到页面前面"。

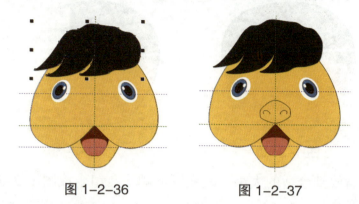

图 1-2-36   图 1-2-37

（14）将"鼻子"图形的填充色参数修改为"C：59，M：80，Y：89，K：39"（图1-2-38）。

（15）同理，使用贝塞尔工具，结合形状工具绘制"牛角"图形，将"牛角"图形的填充色参数修改为"C：62，M：73，Y：61，K：15"（图1-2-39）。

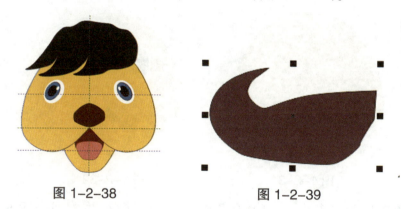

图 1-2-38   图 1-2-39

（16）把"牛角"图形的顺序更改为"到页面背面"并缩放其大小与头的大小匹配，把"牛角"图形移动到合适的位置（图1-2-40）。选中"牛角"图形，按"Ctrl+Shift+D"组合键，在面板中设置图1-2-41所示参数，再执行"水平镜像"操作。

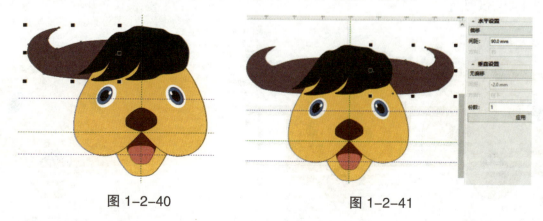

图 1-2-40   图 1-2-41

（17）同理，使用贝塞尔工具，结合形状工具绘制"牛耳朵"图形，将"牛耳朵"图形的填充色参数修改为"C：11，M：56，Y：75，K：0"（图1-2-42）。把"牛耳朵"图形的顺序更改为"到页面背面"并缩放其大小与头的大小匹配。选中"牛耳朵"图形，按"Ctrl+Shift+D"组合键，在面板中设置参数，再执行"水平镜像"操作，最终效果如图1-2-43所示。

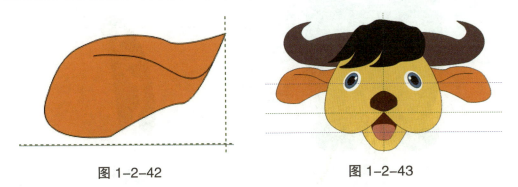

图1-2-42　　　　　　　　　　　　　图1-2-43

（18）选中牛角、牛耳朵等头部所有图形元素，将其组合成一个整体。

（19）使用贝塞尔工具，结合形状工具绘制吉祥物躯干的一半形状，填充色参数为"C：73，M：13，Y：53，K：0"，轮廓为"无"（图1-2-44）。

（20）选中"躯干"图形，按"Ctrl+Shift+D"组合键，在面板中设置图1-2-45所示参数后单击"应用"按钮，再执行"水平镜像"操作并进行水平移动微调，将躯干拼接完好（图1-2-46）。

（21）框选左、右"躯干"图形，单击"焊接"按钮（图1-2-47）。

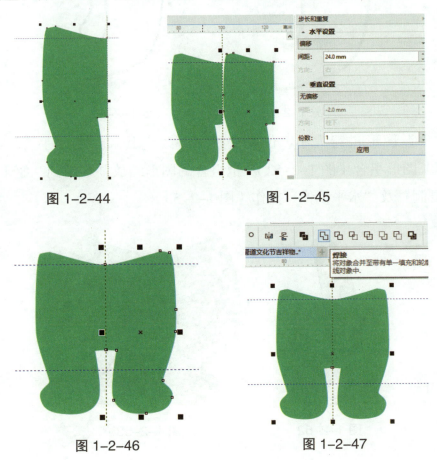

图1-2-44　　　　　　　　　　　　　图1-2-45

图1-2-46　　　　　　　　　　　　　图1-2-47

（22）选中"躯干"图形，设置其轮廓线为黑色，宽度为 0.576 pt（图 1-2-48）。

（23）使用贝塞尔工具，结合形状工具绘制吉祥物手臂及其上的装饰图案"蜀道"形状（图 1-2-49）。

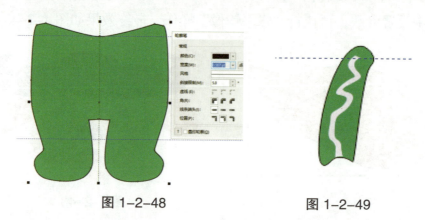

图 1-2-48   图 1-2-49

（24）使用贝塞尔工具，结合形状工具绘制吉祥物手的基本外形，并通过将节点由"平滑"转换为"尖突"对细节进行调节（图 1-2-50），再将绘制的手的填充色参数修改为"C：0，M：6，Y：0，K：0"（图 1-2-51）。

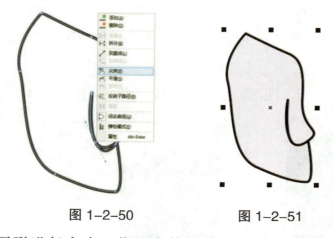

图 1-2-50   图 1-2-51

（25）对"手"图形进行大小、位置变换，并改变其顺序到"手臂"图形后，再把"手"和"手臂"图形组合（图 1-2-52）。把组合的图形缩放并移动到"躯干"图形的合适位置，执行"复制"及"水平镜像"操作（图 1-2-53）。

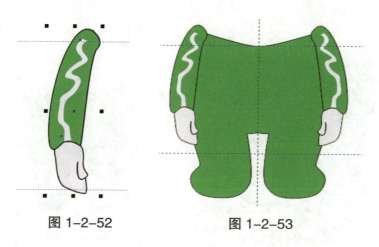

图 1-2-52   图 1-2-53

（26）使用贝塞尔工具和形状工具，通过节点由"平滑"到"尖突"的转换，对细节进行微调（图 1-2-54），再对装饰图案执行"复制"及"水平镜像"操作（图 1-2-55）。

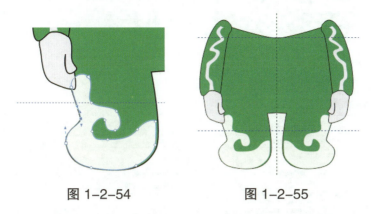

图 1-2-54　　　　　　　图 1-2-55

（27）选择"文件"→"导入"命令，再选择"素材文件"→"第一章"→"任务二"→"城楼顶 .png"，变换素材图片的大小，移动到"吉祥物"图形的胸前，更改顺序为"页面前面"（图 1-2-56）。把吉祥物的头移动到身体上并调整大小（图 1-2-57）。

图 1-2-56　　　　　　　图 1-2-57

（28）框选所有图形，单击鼠标右键，在弹出的快捷菜单中选择"组合"命令（图 1-2-58），选择文本工具，设置字体为"黑体"，字号为"36pt"，颜色为"黑色"，在文档中输入"羚牛宝宝"，用同样的方法输入其他内容，并调整文字的位置和大小（图 1-2-59）。

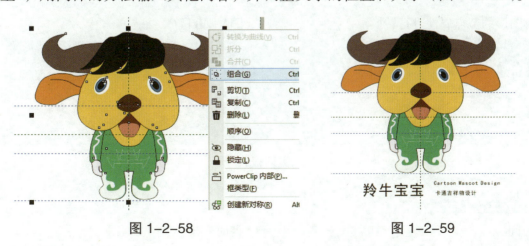

图 1-2-58　　　　　　　图 1-2-59

（29）选择"文件"→"另存为"命令，将文件保存为"蜀道文化节吉祥物设计 .cdr"（图 1–2–60）。

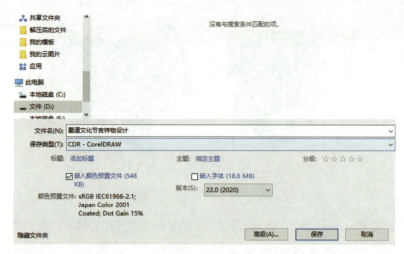

图 1–2–60

● 1.2.5 总结和评价

对照表 1–2–1 进行总结和评价。

表1–2–1　总结和评价表

评价指标	评价结果	备注
能够根据需要正确建立文件并设置大小，以及建立参考线	□A □B □C	
能够使用贝塞尔工具绘制需要的图形	□A □B □C	
能够编辑对象的顺序并进行对象的组合	□A □B □C	
能够对图形的轮廓进行编辑与填充	□A □B □C	
能够对图形的节点属性进行转换	□A □B □C	
综合评价		
实训报告		
实训项目		
实训时间	课时安排	
实训地点	主要工具	

续表

评价指标	评价结果	备注
实训过程（根据提示写出具体步骤和使用的工具）		
1.绘制吉祥物的面部形状		
2.绘制吉祥物的头部（头发、牛角、牛耳）形状		
3.绘制吉祥物的身体形状		
4.绘制吉祥物的装饰图案		
5.输入文字并进行吉祥物的整体布局与设计		
实训总结		

● 1.2.6 拓展案例

　　学校即将举办运动会，请结合班级文化及专业特色为班级设计一个贴切、有创意、美观的"班级运动会吉祥物"。

▶ 设计要领

　　（1）建立文档、标尺、参考线。
　　（2）根据收集的元素设计并绘制草图。
　　（3）使用贝塞尔工具配合形状工具绘制吉祥物基本形状。
　　（4）使用图形的编辑工具及命令精确调整吉祥物的外形及特殊元素形状。
　　（5）根据设计合理选择及搭配颜色。

● 1.3.1 任务描述

创作具有鲜明特色、易于识别和传播的蜀道文化节标语文字，体现蜀道文化的精髓和魅力，结合标语文字，设计相应的视觉元素（如图标、图案、色彩搭配等），形成统一的品牌形象，增强蜀道文化节的视觉冲击力。

1. 内容概述

1）设计前准备

首先，需要深入理解蜀道文化节的主题、目的和核心理念，确保标语文字能够准确传达蜀道文化节的精髓，明确标语文字设计的方向是强调蜀道的自然景观、人文特色，还是传达某种情感或价值观。这有助于在设计过程中保持一致性和连贯性。

其次，需要对 CorelDRAW 的基本操作和工具进行熟练掌握，以便在设计过程中能够灵活运用各种工具，实现设计效果。

2）设计构思与草图绘制

结合蜀道文化的特色元素（如古道、山川、楼阁、诗词等）进行创意构思。这些特色元素可以作为设计的辅助图形或背景图案，增强标语文字的视觉效果和辨识度。在构思过程中，从历史传承可以强调蜀道作为历史文化遗产的重要性，如"千年蜀道，传承文明"；从自然景观可以突出蜀道沿线的自然风光，如"蜀道风光，美不胜收"；从人文特色可以展现蜀道地区的人文风情和民俗文化，如"蜀道悠悠，文化绵长"；从情感共鸣可以通过富有感染力的语言，激发受众对蜀道文化的情感共鸣，如"走过蜀道，读懂四川"。最终确定"走蜀道，品文化"作为标语文字。

3）精细设计与调整

确定标语文字后，在 CorelDRAW 中进行制作与编辑。使用 CorelDRAW 的文字工具和编辑修改等功能，对文字进行排版和设计，制作出最终效果。

4）完善与输出

需要对设计完成的标语文字进行完善和优化，包括调整大小、比例、分辨率等参数，以确保标语文字在不同场合和媒介中都能保持良好的视觉效果。

2. 效果图展示

蜀道文化节标语文字效果图如图 1-3-1 所示。

图 1-3-1

3. 实施步骤

实施步骤如图 1-3-2 所示。

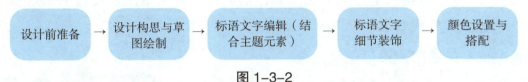

图 1-3-2

● 1.3.2 学习重点

（1）编辑自定义笔刷。
（2）进行文字与曲线之间的转换编辑。
（3）进行文字与图形的合理融合。
（4）进行颜色的搭配。

● 1.3.3 知识学习

1. 文本工具

CorelDRAW 包括两种类型的文本对象：美术字和段落文本。

1）美术字

美术字是指没有文本框的单独存在的文本，通过直接单击并输入文字来创建。它适用于文字量较少，需要单独处理或强调的文本（图 1-3-3）。

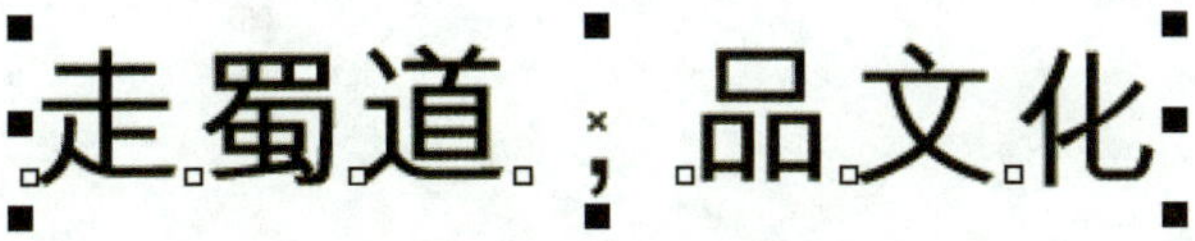

图 1-3-3

2）段落文本

段落文本是置于一个段落框内的文本。它通过拖动鼠标创建一个虚线矩形框来创建。它适用于文字量较多的情况，便于统一管理和调整文本位置（图1-3-4）。

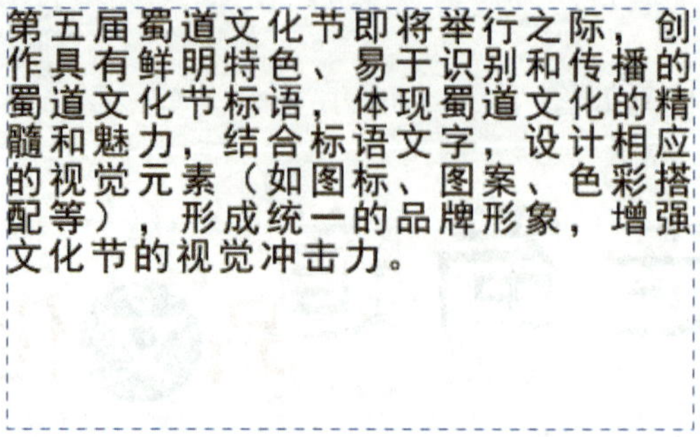

第五届蜀道文化节即将举行之际，创作具有鲜明特色、易于识别和传播的蜀道文化节标语，体现蜀道文化的精髓和魅力，结合标语文字，设计相应的视觉元素（如图标、图案、色彩搭配等），形成统一的品牌形象，增强文化节的视觉冲击力。

图 1-3-4

2. 自定义笔刷

在CorelDRAW中自定义笔刷的方法主要包括通过绘制矢量图形设计笔触效果，以及将位图保存为喷涂式的笔触效果。

1）通过绘制矢量图形设计笔触效果

直接在CorelDRAW中绘制矢量图形，通过调整矢量图形的形状、大小和颜色等属性来创建自定义的笔触效果。这种方法适用于通过简单图形变化创建独特笔触的文字效果（图1-3-5）。

2）将位图保存为喷涂式的笔触效果

图 1-3-5

如果已经有位图图形，并且希望将这些位图图形作为笔触使用，则可以将这些位图图形保存为喷涂式的笔触效果。这种方法适用于利用现有位图图形创建特殊笔触效果（图1-3-6）。

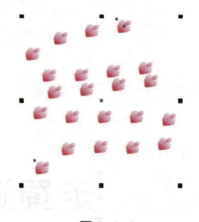

图 1-3-6

3. 文字与曲线之间的转换编辑

在 CorelDRAW 中，文字和曲线是两种不同的对象类型，它们各自具有独特的用途和编辑方式。了解如何在 CorelDRAW 中转换编辑文字和曲线是非常重要的。文字对象可以直接编辑内容，而曲线对象则更适合进行形状的调整和细节的修改。将文字转换为曲线后，虽然不能再直接编辑文字，但可以通过形状工具对曲线的节点进行调整，实现文字的变形和美化。

1）将文字转换为曲线

在 CorelDRAW 中，可以通过选择文本对象，然后选择"对象"→"转换为曲线"命令，或者按"Ctrl+Q"组合键来完成这一过程。转换后，文字就变成了矢量图形，可以像处理其他矢量图形一样对其进行编辑和调整（图 1-3-7）。

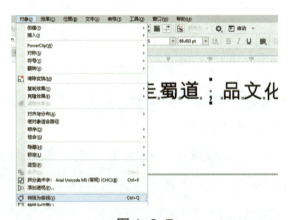

图 1-3-7

2）编辑曲线

转换后的曲线可以使用形状工具进行编辑。通过选择曲线上的节点并拖动，可以改变曲线的形状。此外，还可以通过调整节点的位置、删除或添加节点来进一步细化曲线的形状（图 1-3-8）。

图 1-3-8

3）从曲线转回文字

将曲线转回文字以编辑内容通常是不可能的，因为文字一旦被转换为曲线，它就不再是可编辑的文本对象。如果需要修改文字内容，则必须在转换之前复制并保存原始文本。

● 1.3.4 实践过程

（1）启动 CorelDRAW，新建一个空白文档并命名为"蜀道文化节标语文字设计与制作"。设置页面大小为宽 200 mm × 高 200 mm，分辨率为 300 dpi（图 1-3-9）。

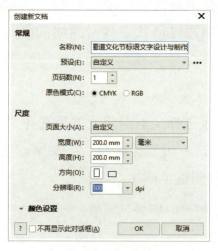

图 1-3-9

（2）选择矩形工具，在文档中绘制一个矩形，设置填充色参数为"C：100，M：0，Y：0，K：0"，更改轮廓为"无"（图 1-3-10）。

（3）选择形状工具，按住 Shift 键选中左边两个节点，再向两个节点中间拖动（图 1-3-11）。

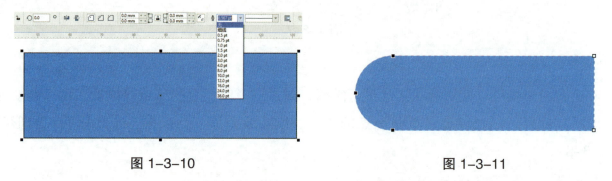

图 1-3-10　　　　　　　　　　　　　　　　图 1-3-11

（4）拉出一条参考线到中间节点位置，再选中这个图形并单击鼠标右键，在弹出的快捷菜单中选择"转换为曲线"命令（图 1-3-12），在图形的右边参考线位置双击添加一个节点（图 1-3-13）。

图 1-3-12　　　　　　　　　　　　　　　　图 1-3-13

（5）依次选中图形右边上、下两个节点并删除，选中右边中间剩下的节点并单击鼠标右键，在弹出的快捷菜单中选择"到曲线"命令（图1-3-14），然后调节这些节点的弧度（图1-3-15）。

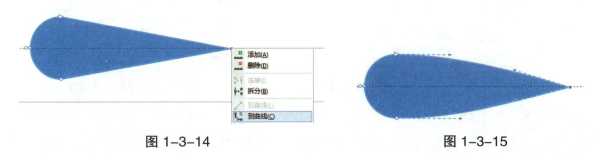

图1-3-14　　　　　　　　　　　　　　　　图1-3-15

（6）选择"效果"→"艺术笔"命令（图1-3-16），在"创建新笔触"对话框中单击"笔刷"单选按钮（图1-3-17）。

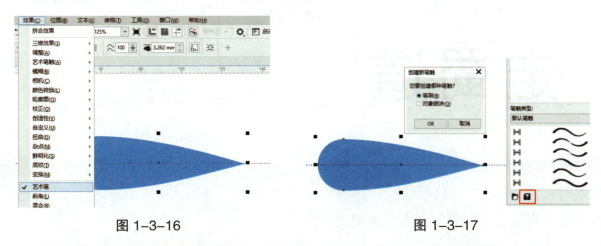

图1-3-16　　　　　　　　　　　　　　　　图1-3-17

（7）在弹出的"另存为"对话框中，选择保存路径为"D：/笔刷预设"文件夹，文件名为"自定义笔刷"，保存类型默认为".cmx"（图1-3-18）。

图1-3-18

（8）单击"笔刷预设"面板下方的"载入预设画笔路径"按钮，在弹出的对话框中选择"自定义笔刷"保存的路径文件夹（图1-3-19）。此时在"笔刷预设"面板中会生成刚才载入的笔刷形状（图1-3-20）。

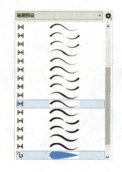

图 1-3-19　　　　　　　　　　　　　　　图 1-3-20

（9）选择文本工具，在文档中输入"走蜀道"，字体为"黑体"，字号为"160"，颜色默认为"黑色"（图 1-3-21），再选择透明度工具，单击"均匀透明"按钮，设置透明度为 80（图 1-3-22）。

图 1-3-21　　　　　　　　　　　　　　　图 1-3-22

（10）选择钢笔工具，在文档中"走蜀道"的上面用直线画出文字的笔划路径（绘制每一笔划时按住 Shift 键，以确保绘制的是水平或垂直线段）（图 1-3-23），再选择艺术笔工具，并选择先前自定义的笔刷，增大笔触宽度（图 1-3-24）。

图 1-3-23　　　　　　　　　　　　　　　图 1-3-24

（11）选择背景中的文本"走蜀道"，按 Delete 键删除，使用形状工具，以自定义笔刷对部分笔划描边，单击选项栏中的"反转方向"按钮，把一些笔划的方向反转（图 1-3-25）。使用选择工具框选"走蜀道"描边图形，单击鼠标右键，在弹出的快捷菜单中选择"组合"命令，更改填充色参数为"C：100，M：73，Y：46，K：7"（图 1-3-26）。

图 1-3-25　　　　　　　　　　　　　　　图 1-3-26

（12）选择文本工具，在文档中输入"品文化"，字体为"黑体"，字号为"160"，颜色为"C：0，M：87，Y：100，K：0"（图 1-3-27）。

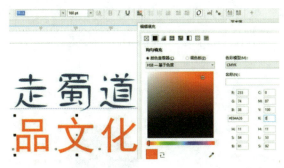

图 1-3-27

（13）选择文本"品文化"，单击鼠标右键，在弹出的快捷菜单中选择"转换为曲线"命令，选择椭圆形工具，按住 Ctrl 键在文档中绘制一个正圆，轮廓为"无"，颜色为"黑色"（图 1-3-28）。使用选择工具，按住 Shift 键加选文字内容，单击"修剪"按钮（图 1-3-29）。

图 1-3-28　　　　　　　　　　　　　图 1-3-29

（14）利用步骤（13）的方法制作图 1-3-30 所示的效果，再绘制一个黑色的矩形条，利用同样的方法把文字修剪成图 1-3-31 所示的效果。

品文化　品文化

图 1-3-30 　　　　　　　　　　　　　图 1-3-31

（15）选择形状工具，对文字上的节点进行编辑（图 1-3-32），改变文字字体形状，最终效果如图 1-3-33 所示。

图 1-3-32　　　　　　　　　　　　　图 1-3-33

（16）使用形状工具，结合具体的图形形状，对文字上的节点进行删除、添加、移动以及属性的转换（尖突节点、曲线之间的相互转换）（图1-3-34）。选择椭圆形工具，按住Ctrl键在文档中绘制一个正圆，轮廓为"无"，填充色参数为"C：100，M：73，Y：46，K：7"（深蓝色），选择文字后单击鼠标右键，在弹出的快捷菜单中选择"拆分曲线"命令（图1-3-35）。

图1-3-34　　　　　　　　　　　　　　　　图1-3-35

（17）把蓝色圆形变换到合适大小并移动到"文"上方（刚好挡住），使用选择工具框选蓝色正圆形和"文"，单击选项栏中的"移除后面对象"按钮（图1-3-36），再选中"品文化"执行"组合"操作，最终效果如图1-3-37所示。

图1-3-36　　　　　　　　　　　　　　　　图1-3-37

（18）对"走蜀道"和"品文化"进行位置和大小的排列（图1-3-38）。

图1-3-38

（19）选择"文件"→"另存为"命令，将文件保存为"蜀道文化节标语文字设计与制作.cdr"（图1-3-39）。

图 1-3-39

● 1.3.5 总结和评价

对照表 1-3-1 进行总结和评价。

表1-3-1　总结和评价表

评价指标	评价结果	备注
能够自定义笔刷形状	□A □B □C	
能够把绘制的图形自定义为笔刷并熟练使用	□A □B □C	
能够进行文字与曲线之间的转换编辑	□A □B □C	
能够对文字与图形进行合理融合	□A □B □C	
能够合理搭配文字颜色	□A □B □C	
综合评价		
实训报告		
实训项目		
实训时间	课时安排	
实训地点	主要工具	

续表

评价指标	评价结果	备注
实训过程（根据提示写出具体步骤和使用的工具）		
1.绘制自定义笔刷图形		
2.将绘制的图形自定义成笔刷		
3.利用自定义笔刷对文字描边，并编辑描边的方向及细节		
4.将文字转换成曲线，并编辑曲线的外形		
5.对文字与图形进行融合编辑		
实训总结		

● 1.3.6 拓展案例

结合班级文化及专业特色选择一句合适的班训并利用文字编辑的知识设计个性化的班训标语文字。

▶ 设计要领

（1）绘制自定义笔刷图形。

（2）预设及运用自定义笔刷。

（3）进行文字与曲线之间的编辑转换。

（4）进行个性化文字的设计与编辑。

（5）根据设计合理选择及搭配文字颜色并进行文字的排列布局。

学习总结

一、LOGO 设计与制作

1.构图要点

（1）确立 LOGO 的定位和特点，明确需求和目标受众。

（2）遵循对称、平衡、简洁、显眼、尺寸合适等原则。

（3）运用黄金分割、对称分割、重心分割等构图方式，使 LOGO 元素呈现和谐的美感。

2.色彩运用技巧

（1）选择与蜀道文化节品牌形象相符的基色调，考虑三原色构成、三色互补构成或多色组合构成。

（2）注意色彩搭配的协调性和市场吸引力，确保色彩能够传达蜀道文化节的独特魅力。

3.CorelDRAW 操作技巧

（1）熟练掌握 CorelDRAW 工具及其快捷键的使用，如绘制正方形、圆形、多边形等基本图形。

（2）利用对齐与分布功能、群组功能等提高设计效率。

（3）注意图层顺序的调整，确保 LOGO 各元素间的层次关系清晰。

二、吉祥物设计与制作

1.主体设计

（1）吉祥物设计一般从正面、站立的主体部分开始设计。

（2）根据蜀道文化节的文化特色和品牌需求选择合适的原型。

（3）注意吉祥物的整体造型可爱、生动，易于识别和记忆。

2.衍生设计

（1）可以设计吉祥物的不同表情、姿势等衍生形态，丰富吉祥物的应用场景和表现力。

（2）注意衍生设计要与主体设计保持风格一致，避免产生突兀感。

3.CorelDRAW 操作技巧

（1）利用 CorelDRAW 的绘图工具和编辑功能，绘制吉祥物的各部分。

（2）注意色彩搭配和细节处理，使吉祥物形象更加鲜明、生动。

三、标语文字设计与制作

1.标语文字内容

（1）标语文字内容应简洁明了，能够准确传达蜀道文化节的主题和特色。

（2）标语语言文字应精炼和具有感染力，易于记忆和传播。

2. 字体选择与设计

（1）选择适合标语文字设计的字体风格，如粗体、行书等具有视觉冲击力的字体。

（2）通过自定义笔刷及文字与曲线之间的转换编辑等方式设计个性化字体。

（3）注意字体的整体风格与标语文字主题内容的协调性。

3. 排版设计

（1）利用 CorelDRAW 的对齐与分布、群组等功能对标语文字进行排版设计。

（2）注意文字之间的间距和行距的调整，确保整体视觉效果的美观和易读性。

4. 色彩搭配

（1）根据蜀道文化节的品牌形象和宣传需求，选择合适的色彩搭配方案。

（2）注意色彩与标语文字内容的协调性，确保标语文字的整体视觉效果和谐统一。

思维导图

本章思维导图如图 1-4-1 所示。

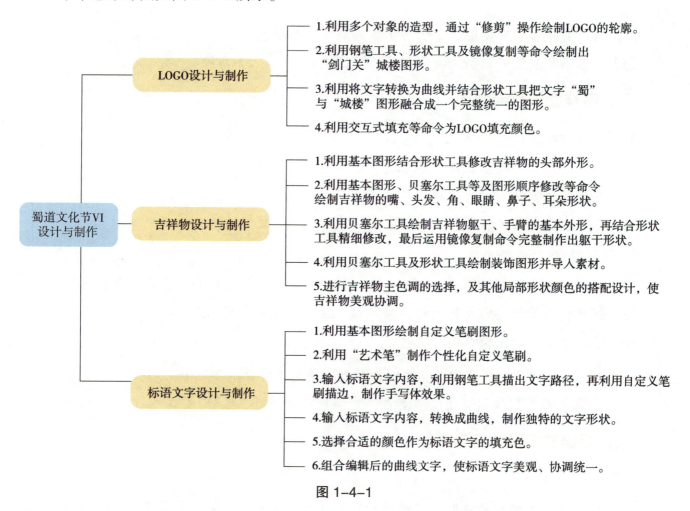

图 1-4-1

综合案例设计与制作

校园文化艺术节 VI 设计与制作

▶ 设计要领

1.LOGO 设计与制作

利用 CorelDRAW 提供的各种形状工具绘制 LOGO 的基本图形（这些图形将作为 LOGO 的组成部分）。为绘制好的图形和文本填充颜色或图案，可以使用 CorelDRAW 的交互式填充工具进行均匀填充、渐变填充等。注意色彩搭配要和谐统一，符合校园文化特色。最终效果如图 1-5-1 所示。

2. 吉祥物设计与制作

使用 CorelDRAW 提供的各种形状工具绘制吉祥物的基础形状（通常包括头部、身体、四肢等部分）。对于需要曲线或不规则形状的部分，可以使用贝塞尔工具或钢笔工具进行绘制。使用交互式填充工具进行均匀填充、渐变填充。最终效果如图 1-5-2 所示。

3. 标语文字设计与制作

选择适合标语文字的字体风格。通过文字与曲线之间的转换编辑等方式设计个性化字体。注意字体的整体风格与标语文字主题内容的协调性。选择合适的色彩搭配方案。最终效果如图 1-5-3 所示

图 1-5-1　　　　　　　图 1-5-2

图 1-5-3

CDR

项目二

蜀道文化节宣传
册设计与制作

【2】

蜀道文化节宣传册是蜀道文化节的重要载体，要求实用与美观并重，内容精炼，图文并茂，引导读者轻松探索蜀道文化节的魅力。本章深入挖掘蜀道山水、古迹、民俗等特色，通过 CorelDRAW，运用色彩、图案与文字，打造视觉与文化的双重盛宴，传承宝贵的文化遗产。

学习目标

（1）了解辅助线工具，掌握辅助线的基本操作，利用辅助线提高设计精度。

（2）掌握美术文字的创建、编辑、格式化与排版技巧。

（3）使用文本适应路径工具将文本沿着自定义路径个性化排列。

（4）使用段落文本工具让文字段落排列更加整齐和协调。

（5）使用文本属性工具调整文本的字体、字号、颜色、间距等属性，提升文本设计的专业性和视觉效果。

（6）使用形状工具创建多样化的图形用于设计装饰。

通过设计蜀道文化节宣传册，掌握画册设计的基本原则和方法，将传统文化、自然景观与画册设计结合，综合运用 CorelDRAW 中的各种工具创作出具有独特魅力的作品。在学习过程中养成诚信、刻苦、善于沟通和团队合作的职业习惯，成为符合社会需要的职业技术人才。

任务导入

为了加大蜀道文化节的宣传力度，领导向小王布置了为蜀道文化节设计宣传册的任务。任务要求通过文字和图片，全面、准确地展示蜀道文化节的历史背景、文化内涵、活动安排及特色亮点。为了确保任务高效完成任务，小王对宣传册的封面设计、目录编排、正文内容等关键环节进行了细致的安排。

● 2.1.1 任务描述

1. 任务概述

封面是宣传册的第一页，直接表达了宣传内容或主题。图形、色彩和文字是封面的三要素，需要根据主题的性质、内容、用途和受众将三者有机地结合，从而表现丰富的内涵。本任务使用 CorelDRAW 为蜀道文化节宣传册设计与制作封面和封底。

2. 效果图展示

蜀道文化节宣传册封面和封底效果图如图 2-1-1 所示。

图 2-1-1

3. 实施步骤

实施步骤如图 2-1-2 所示。

图 2-1-2

● 2.1.2 学习重点

（1）设置宣传册出血线。
（2）使用辅助线工具设置画面布局和分区。
（3）使用美术字工具制作封面标题文字。
（4）使用文本适合路径工具制作曲线文字效果。

● 2.1.3 知识准备

1. 出血线设置

出血线是用于标记图片哪些部分需要被裁切的线，出血线以外的区域会在印刷品装订前被裁切。一般印刷品的出血值默认为 3 mm，例如印刷成品尺寸为 210 mm × 285 mm，设计稿则需要设置尺寸为 216 mm × 291 mm（即四周每边加 3 mm）。

在 CorelDRAW 中，可以直接在"选项"对话框的"页面尺寸"选项卡中设置出血线参数。在勾选"显示出血区域"复选框之后，画面四周会显示虚线轮廓，也就是出血线（图2-1-3）。

图 2-1-3

2. 文本适合路径工具

文本适合路径是指沿路径排列文本，路径可以是开放的，也可以是闭合的，文本框中的段落文本只适合开放路径。使用钢笔工具绘制一条曲线路径（图 2-1-4）。

选择文本工具，将光标移动到路径边缘，当光标右下角显示曲线图标"~"时，单击曲线路径，出现文字输入光标（图 2-1-5）。

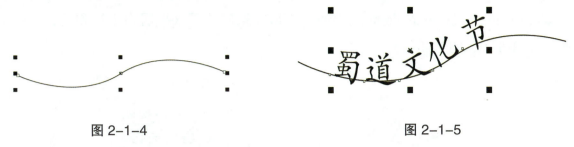

图 2-1-4　　　　　　　　　　　　　　图 2-1-5

选择路径文字，选择"对象"→"拆分在一路径上的文本"命令，可以将文字与路径分离，分离后的文字仍然保持之前的位置，可以使用选择工具对其进行移动（图 2-1-6）。

图 2-1-6

● **2.1.4 实践过程**

1. 创建文档

（1）设置宣传册尺寸。创建一个新文档，将大小设置为 285 mm × 420 mm。

使用矩形工具绘制一个大小为 285 mm × 420 mm 的矩形，作为宣传册封面的尺寸（图 2-1-7、图 2-1-8）。

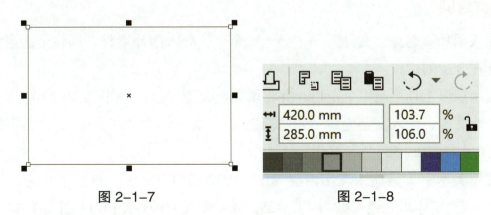

图 2-1-7　　　　　　　　　　　　　图 2-1-8

（2）设置出血线，各边都增加 3 mm 的出血值。

（3）复制一个刚才所绘制的矩形，在顶部工具栏中将复制的矩形的长、高尺寸各增加6 mm，即291 mm×426 mm。同时选中两个矩形，然后使用水平居中工具和垂直居中工具进行对齐（图2-1-9、图2-1-10）。

 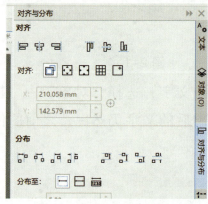

图2-1-9　　　　　　　　　　　　　　　　图2-1-10

（4）使用鼠标在左侧标尺栏拖出一条垂直参考线，放置在矩形居中位置（图2-1-11）。

（5）使用辅助线工具，在矩形中部绘制一条垂直辅助线，将矩形分成左、右两个部分。左侧作为宣传册封底区域，右侧作为宣传册封面区域（图2-1-12）。

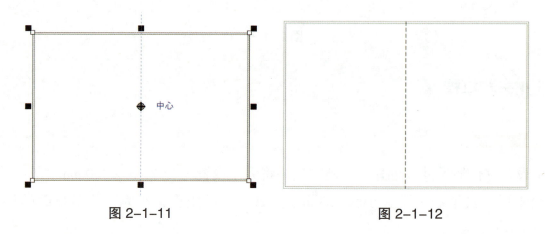

图2-1-11　　　　　　　　　　　　　　　　图2-1-12

2. 制作封面

（1）插入图片。选择"文件"→"导入"命令，导入图片素材，调整至适当大小，将图片素材放置在合适的位置。

（2）使用矩形工具绘制一个矩形，并将填充色改为"白色"（图2-1-13）。

（3）创建文本，输入文字内容"剑门蜀道"，设置字体为"华文中宋"，将字体填充色参数修改为（C：93，M：63，Y：100，K：49）。

（4）使用美术字工具输入文字内容"JIAN MEN SHU DAO"，设置字体为"华文中宋"，字号为"29 pt"，字体填充色参数为（C：25，M：8，Y：19，K：0）（图2-1-14）。

图 2-1-13

图 2-1-14

（5）选择"文件"→"导入"命令，导入 LOGO 素材，调整至适当大小，并放置在合适的位置（图 2-1-15）。

图 2-1-15

（6）使用椭圆形工具，同时按住 Ctrl 键绘制一个比 LOGO 稍大的一个正圆（图 2-1-16）。

（7）选择文本工具，将光标移动到路径边缘，当光标右下角显示曲线图标"~"时，单击曲线路径，出现文字输入光标（图 2-1-17）。在圆圈路径上输入文字（图 2-1-18）。

图 2-1-16

图 2-1-17

图 2-1-18

（8）在"对象"窗格中选择"椭圆形"图层和"美术字"图层，单击鼠标右键，在弹出的快捷菜单中选择"拆分在一路径上的文本"命令，对文本和路径进行拆分。选中"椭圆形"图形并将其删除，最后得到环绕文字效果（图 2-1-19、图 2-1-20）。

图 2-1-19　　　　　　　　　　　图 2-1-20

3. 制作封底

导入二维码素材，调整大小后将其放置在合适的位置。在二维码右侧输入文本"扫码看实景蜀道""电话"和"地址"等，调整整体画面元素，并保存文件（图 2-1-21）。

图 2-1-21

● 2.1.5 总结和评价

对照表2-1-1进行总结和评价。

表2-1-1　总结和评价表

评价指标	评价结果	备注
能够根据需要正确建立文档并设置大小	□A □B □C	
能够使用矩形工具绘制矩形	□A □B □C	
能够使用文本适合路径工具设计曲线文字	□A □B □C	
能够使用美术字工具输入文字并进行设置	□A □B □C	
综合评价		

实训报告		
实训项目		
实训时间	课时安排	
实训地点	主要工具	
实训过程（根据提示写出具体步骤和使用的工具）		
1.新建文档并设置大小		
2.制作宣传册封面区域		
3.制作环绕文字效果		
4.制作宣传册封底区域		
实训总结		

● 2.1.6 拓展案例

设计与制作精美的菜单

▷ 设计要领

（1）利用辅助线工具，在画面中设置合适的网格，确保菜单的布局整齐且符合设计规范。

（2）使用矩形工具绘制菜单的边框，根据菜单的整体风格选择合适的填充色和轮廓颜色。

（3）使用美术字工具添加菜单的标题，选择合适的字体和字号，确保标题醒目且符合菜单的整体风格。

（4）利用文本工具添加菜单的各菜品名称和价格，确保文字清晰易读，并根据需要调整字体、字号和颜色。

（5）使用文本适合路径工具，将某些菜品名称沿着特定的路径进行排列，增加菜单的创意和视觉效果。

（6）添加一些装饰性元素，如背景图案、小图标等，以提升菜单的美观度。参考效果图如图2-1-22所示。

图 2-1-22

任务二　宣传册目录设计与制作

● 2.2.1任务描述

1.内容概述

目录作为宣传册的向导，可供读者快速浏览内容。在蜀道文化节宣传册设计中，目录设计需要紧密围绕文化主题，力求清新脱俗、一目了然。通过色彩分区，为各章节赋予独特底色，强化视觉层次，使信息分类清晰。本任务通过 CorelDRAW，使用矩形工具、文字工具、段落文本工具、透明度工具等制作蜀道文化节宣传册目录。

2.效果图展示

蜀道文化节宣传册目录效果图如图 2-2-1 所示。

图 2-2-1

3. 实施步骤

实施步骤如图 2-2-2 所示。

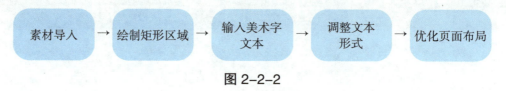

素材导入
→
绘制矩形区域
→
输入美术字文本
→
调整文本形式
→
优化页面布局

图 2-2-2

● 2.2.2 学习重点

（1）使用矩形工具设计填充文字区域。

（2）使用段落文本工具对文本内容进行排版。

（3）使用透明度工具调整画面元素透明效果。

● 2.2.3 知识准备

1. 矩形工具的使用

选择矩形工具，或者按快捷键 F6，在画面中的合适位置单击，并拖动鼠标，绘制一个矩形框，释放鼠标左键即可得到一个矩形（图 2-2-3、图 2-2-4）。

矩形工具 (F6)
在绘图窗口拖动工具绘制正方形和矩形

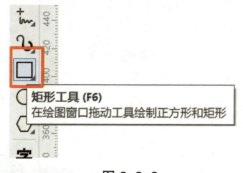

图 2-2-3

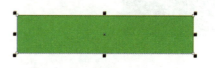

图 2-2-4

在绘制矩形的过程中，同时按住 Ctrl 键，可以绘制以左上角为起始点的正方形；同时按住 Shift 键，可以绘制以起始点为中心的矩形；同时按住 Ctrl+Shift 组合键，可以绘制以起始点为中心的正方形（图 2-2-5）。

使用矩形工具还可以绘制圆角矩形。在矩形工具属性栏中的“矩形的边角圆滑度”微调框中设置其边角圆滑度，即可绘制圆角矩形（图 2-2-6）。

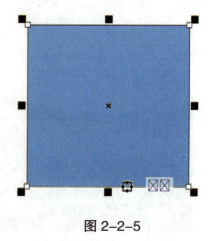

图 2-2-5

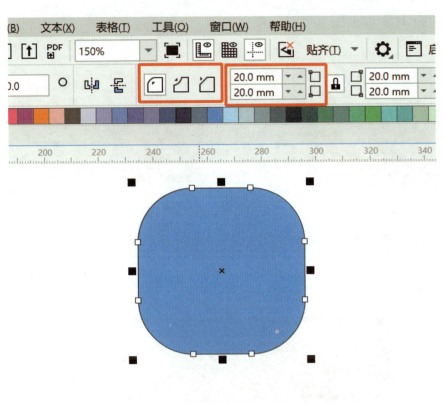

图 2-2-6

2. 透明度工具的使用

先使用矩形工具绘制一个矩形，然后使用透明度工具调整矩形的透明度。透明度工具位于工具箱中的中间偏下位置（图 2-2-7）。

图 2-2-7

选择透明度工具，选中需要处理透明度的颜色框，拖动鼠标，就可以根据需要调整颜色区域的透明度，根据鼠标拖动的长度、范围大小，会显示不同的效果。白色方块代表显示，黑色方块代表不显示（图 2-2-8、图 2-2-9）。

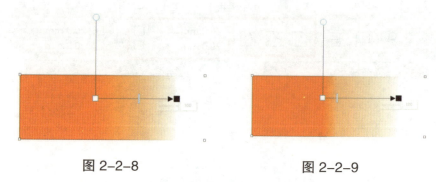

图 2-2-8   图 2-2-9

使用圆形手柄则可以调整透明度变化的延展和角度（图 2-2-10）。

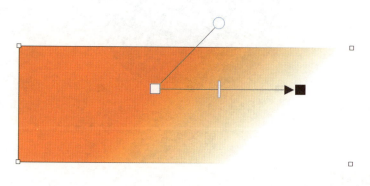

图 2-2-10

如果需要对整个矩形进行透明度调整，则将顶部工具栏中的透明度工具切换至"均匀透明度"功能，通过调整右侧的数值，实现对整个矩形透明度的控制（图 2-2-11）。

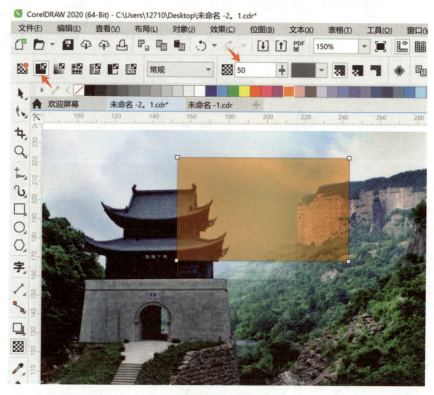

图 2-2-11

● **2.2.4 实践过程**

（1）启动 CorelDRAW，打开"蜀道文化节宣传册"文档，绘制两个矩形，尺寸分别为 285 mm × 420 mm 和 291 mm × 426 mm，重叠后居中对齐（图 2-2-12）。

 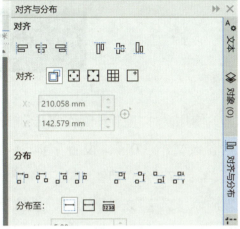

图 2-2-12

（2）选择"文件"→"导入"命令，导入"剑门蜀道"图片素材，调整至适当大小，使其铺满整个画面，并利用图片中山脉的走势，将画面分割成两个部分。

（3）使用辅助线工具，拖出一条垂直辅助线，放置在画面垂直中间的位置，作为宣传册的装订线（图 2-2-13）。

（4）使用矩形工具绘制一个矩形，尺寸为 92 mm × 32 mm，填充色参数为（C：94，M：56，Y：100，K：32），靠左上角边缘放置（图 2-2-14）。

图 2-2-13　　　　　　　　　　　图 2-2-14

（5）使用美术字工具输入文字"目录"，设置字体为"华文中宋"，字号为"45 pt"，英文字符大小为"20 pt"，字体填充色为"白色"，段落格式为靠右对齐（图 2-2-15）。

图 2-2-15

（6）使用美术字工具制作宣传册封面目录。

①输入文本"01"，设置字体为"华文中宋"，字号为"50pt"，填充色参数为（C：2，M：17，Y：87，K：0）。

②输入文本"文物蜀道"，设置字体为"华文中宋"，字号为"25pt"，填充色参数为（C：92，M：67，Y：100，K：56）。

③输入文本"目录"，设置字体为"华文中宋"，字号为"15pt"，填充色参数为（C：62，M：53，Y：51，K：0）。

④完成文字设置后，使用垂直标尺作辅助线，将各级目录文字靠右对齐（图 2-2-16）。

⑤重复前面的步骤，完成 02 和 03 章节的目录制作（图 2-2-17）。

图 2-2-16

图 2-2-17

（7）使用美术字工具制作宣传册封底目录。

①输入文本"04"，设置字体为"华文中宋"，字号为"50 pt"，填充色参数为（C：2，M：17，Y：87，K：0）。

②输入文本"行在蜀道"，设置字体为"华文中宋"，字号为"25 pt"，填充色参数为（C：0，M：0，Y：0，K：0）。

③输入文本"目录"，设置字体为"华文中宋"，字号为"15 pt"，填充色参数为（C：0，M：0，Y：0，K：0）（图 2-2-18）。

（8）使用矩形工具绘制一个矩形并且放置在"文字"图层之下，作为目录文字的背景，将矩形填充色参数设置为（C：100，M：82，Y：81，K：68）（图 2-2-19）。

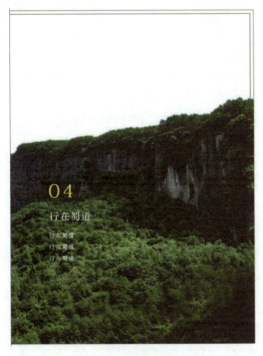

图 2-2-18

图 2-2-19

（9）使用透明度工具的"均匀透明度"功能，将矩形的整体透明度调整为"45"（图 2-2-20）。

（10）重复前面的步骤，完成 05 和 06 章节的目录制作（图 2-2-21）。

图 2-2-20

图 2-2-21

● 2.2.5 总结和评价

对照表 2-2-1 进行总结和评价。

表2-2-1　总结和评价表

评价指标	评价结果	备注
能够正确导入素材	□A □B □C	
能够使用矩形工具设置文字区域	□A □B □C	
能够熟练使用透明度工具	□A □B □C	
能够使用矩形工具和透明度工具绘制图形	□A □B □C	
能够根据效果图完成文字的排版和设计	□A □B □C	
综合评价		

实训报告		
实训项目		
实训时间	课时安排	
实训地点	主要工具	

实训过程（根据提示写出具体步骤和使用的工具）

1.设置目录条

2.插入和处理页面图片

3.对页面主题文字进行设计和排版

4.使用矩形工具和透明度工具绘制图形

实训总结

任务三　宣传册正文设计与制作

● **2.3.1 任务描述**

1. 内容概述

需要紧密结合蜀道文化节的特色进行图文排版，让读者进一步深入且全面地了解蜀道文化节的详细信息。

2. 效果图展示

蜀道文化节宣传册正文效果图如图 2-3-1 所示。

图 2-3-1

3. 实施步骤

实施步骤如图 2-3-2 所示。

图 2-3-2

● 2.3.2 学习重点

（1）使用文本属性面板调整文本的字体、字号、填充色、间距等属性。

（2）使用段落文本工具创建和编辑段落文本，包括格式化文本布局，调整段落间距、对齐方式等，以呈现流畅、易读的文本内容。

（3）对图文内容进行排版布局。

● 2.3.3 知识准备

1. 文本属性面板

CorelDRAW 的文字排版功能适用于画册、书刊、杂志、报纸等场景，通常有美工文字和段落文字两种排版方式。美工文字一般用于标题或文字量较小且不严格要求对齐的情况；段落文字一般用于处理文字量较大并需进行分行及对齐的情况。可以直接在 CorelDRAW 中输入文字，也可从外部来源进行复制和粘贴操作。具体如下。

（1）创建文字。创建文本框→复制文档中的内容→粘贴到文本框中（图 2-3-3）。

图 2-3-3

（2）按"Ctrl+T"组合键调出文本属性面板（图 2-3-4）对文本属性进行设置。

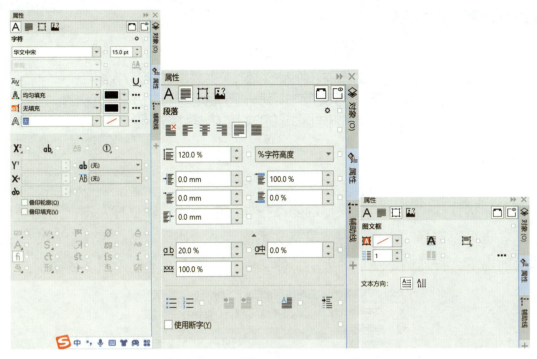

图 2-3-4

① "字符" 面板：用于设置字体、字号等。

② "段落" 面板：用于设置对齐方式、字距、行距、项目符号和首字下沉等。在实际操作中段落文本一般选择"两端对齐"，"段落后"的数值要与行距的数值一样。

③ "图文框" 面板：用于设置分栏及栏间距，一般适用于报刊文字，栏数、栏宽、栏间距可以根据需要设置。

④在设计中通常要注意：在画册和报刊中，能用段落文字尽量不用美工文字；如果文字过多，需要跨页延伸到下一个页面，则使用"段落文本连排"功能。

2. 段落文本工具

使用段落文本工具可以对大段文字进行分行和对齐操作，实现文字的快速排版。具体如下。

（1）选择文本工具，创建文本框并输入文字，此时的文字就是段落文本。文本框可以将所有文字限制在一个范围内，文本框的大小保持不变，当文字排满一行后会自动进行换行（图 2-3-5）。

使用文本工具单击此处以添加段落文本

图 2-3-5

（2）超出文本框区域的文字内容将被隐藏，文本框下方居中的控制点会变成 ▽ 形状，且虚线文本框的颜色由黑变红（图 2-3-6）。

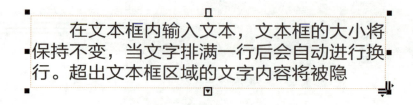

图 2-3-6

（3）将鼠标指针移动至文本框底部的隐藏按钮 ▽ 上，按住鼠标左键向下拖动可以让文本全部显示。也可以选择"文本"→"段落文本框"→"使文本适合框架"命令，在文本框大小不变的前提下，自动调整文字的大小，使文本充满整个文本框（图 2-3-7）。

图 2-3-7

（4）选中文本框后，可以在顶部工具栏"文本"菜单中进行段落文本和美术字的转换（图 2-3-8）。

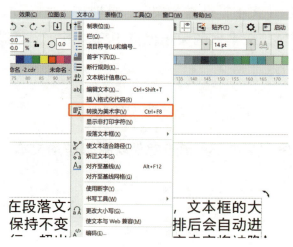

图 2-3-8

使用"段落"面板可以对文本框内的文字进行行间距、字间距和对齐方式的调整。也可使用"Ctrl+Shift+>"或"Ctrl+Shift+<"组合键对字间距进行微调（图2-3-9）。

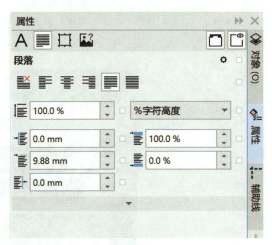

图2-3-9

● 2.3.4 实践过程

（1）启动CorelDRAW，打开"蜀道文化节宣传册"文档，绘制两个矩形，尺寸分别为285 mm×420 mm和291 mm×426 mm，重叠后居中对齐（图2-3-10、图2-3-11）。

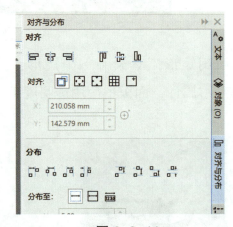

图2-3-10　　　　　　　　　　图2-3-11

（2）选择"文件"→"导入"命令，导入"剑门关01"图片素材，调整至适当大小，放置在合适的位置（图2-3-12）。

图2-3-12

（3）使用矩形工具在画面右侧区域绘制一个矩形，并设置其填充色参数为（C：69，M：23，Y：67，K：0），放置在合适的位置（图2-3-13）。

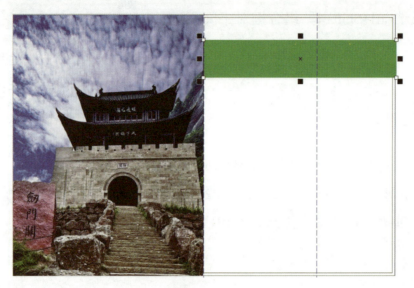

图 2-3-13

（4）使用矩形工具绘制一个矩形，并设置其填充色参数为（C：87，M：59，Y：81，K：30）。在"属性"面板中使用透明度工具，将其透明度设置为"20%"（图2-3-14）。

图 2-3-14

（5）使用美术字工具输入文本内容"剑门关关楼"，设置字体为"华文中宋"，字号为"18 pt"。使用段落文本工具在刚刚绘制的矩形上绘制一个段落窗格，输入相应的文本内容。文本字体均设置为"华文中宋"，字体颜色为"白色"，字号为"14 pt"。调整文本框的大小与位置，使文本内容能够得到完整展现（图2-3-15）。

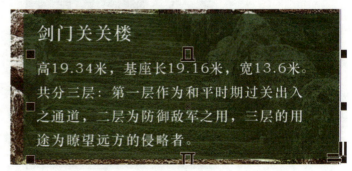

图 2-3-15

（6）使用美术字工具输入文本内容"文物蜀道"，设置字体颜色为"白色"，字体为"华文中宋"，字号为"40 pt"。将"文字"图层放置在"矩形"图层上方。

（7）使用矩形工具绘制一个矩形，放置在原有大长矩形图层上方，设置小矩形的填充色参数为（C：2，M：17，Y：87，K：0）。调整小矩形的大小和位置（图 2-3-16）。

图 2-3-16

（8）使用段落文本工具，绘制 2 个文本框，依次输入相应的文本内容，设置字体为"华为中宋"，字号为"15 pt"，字体颜色为（C：92；M：67；Y：100；K：56）（图 2-3-17）。

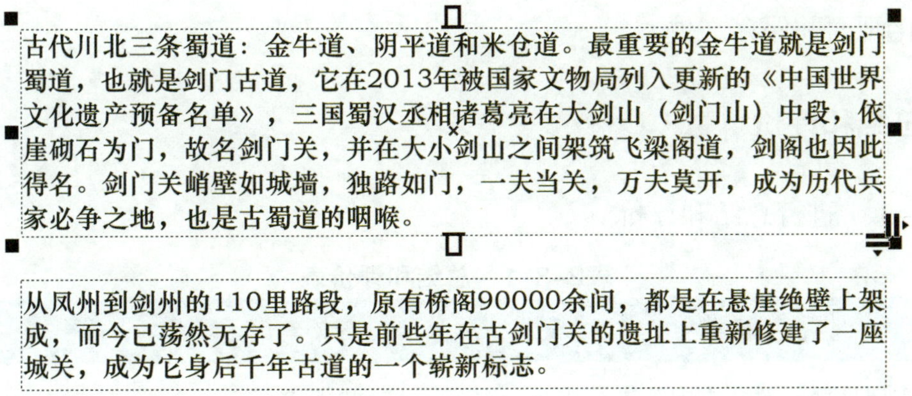

古代川北三条蜀道：金牛道、阴平道和米仓道。最重要的金牛道就是剑门蜀道，也就是剑门古道，它在2013年被国家文物局列入更新的《中国世界文化遗产预备名单》，三国蜀汉丞相诸葛亮在大剑山（剑门山）中段，依崖砌石为门，故名剑门关，并在大小剑山之间架筑飞梁阁道，剑阁也因此得名。剑门关峭壁如城墙，独路如门，一夫当关，万夫莫开，成为历代兵家必争之地，也是古蜀道的咽喉。

从凤州到剑州的110里路段，原有桥阁90000余间，都是在悬崖绝壁上架成，而今已荡然无存了。只是前些年在古剑门关的遗址上重新修建了一座城关，成为它身后千年古道的一个崭新标志。

图 2-3-17

（9）选中文字段落，使用段落文本工具在界面右侧"段落"面板中设置对齐方式为"左对齐"，设置文字段落行间距为"120%"（图 2-3-18）。

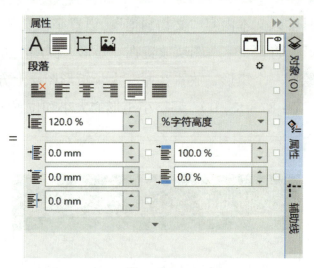

图 2-3-18

（10）选择"文件"→"导入"命令，导入"剑门关 02""剑门关 03"和"吉祥物"图片素材，调整至适当大小，并放置在合适的位置（图 2-3-19）。

图 2-3-19

（11）优化画面并保存文件。

● 2.3.5 总结和评价

对照表 2-3-1 进行总结和评价。

表2-3-1　总结和评价表

评价指标	评价结果	备注
能够使用文本属性面板对文本内容进行排版	□A □B □C	
能够使用矩形工具绘制背景框	□A □B □C	
能够使用段落文字工具对文本进行调整	□A □B □C	

评价指标	评价结果	备注
能够使用文本属性面板对文字行间距与字间距进行调整	□A □B □C	
综合评价		

实训报告

实训项目			
实训时间		课时安排	
实训地点		主要工具	

实训过程（根据提示写出具体步骤和使用的工具）

1.导入图片素材并利用辅助线定位

2.绘制矩形并设置透明度

3.输入相关文字并排版

4.调整文字格式和段落布局

实训总结

● 2.3.6 案例拓展

制作公益宣传单页

▷ 设计要领

　　（1）使用矩形工具规划公益宣传单页的整体布局。设置合适的画面尺寸和页边距。

　　（2）使用美术字工具设计公益宣传单页的标题和各部分的标题。通过调整字体、字号、颜色和排版方式，使标题既醒目又符合整体风格。

　　（3）使用段落文本工具添加公益宣传单页的正文内容。根据正文内容的层次和重要性，合理安排段落和布局，确保信息传达清晰、流畅。

学习总结

　　本章完成了蜀道文化节宣传册的设计与制作。本章介绍了CorelDRAW的辅助线工具、美术字工具、文本适合路径工具、矩形工具、段落文本工具、透明度工具等的应用。

　　在蜀道文化节宣传册的设计与制作过程中，充分利用了CorelDRAW的各种工具和功能，实现了宣传册的整体设计和细节处理。首先，使用辅助线工具，精确进行了宣传册的版面布局，确保各元素的间距和位置关系。其次，使用美术字工具和文本适合路径工具，为宣传册添加了富有创意和个性的标题和文本。通过美术字工具能够轻松调整文字的字体、字号、颜色等属性，而文本适合路径工具则允许将文字沿着特定的路径进行排列，增加了版面的层次感和动态感。

　　在图形和图片的处理上，主要使用矩形工具、段落文本工具和透明度工具。通过矩形工具绘制了宣传册中的各种图形元素，如背景框、按钮、图标等，使版面更加丰富多彩。通过段落文本工具则能够方便地对文本进行排版和编辑，确保文本信息的清晰传达。通过透明度工具的应用增强了图形的层次感和视觉效果，使宣传册更具吸引力。

　　此外，还需要注重宣传册的色彩搭配和整体风格的设计。根据蜀道文化节的主题和特点，选择符合氛围的色彩方案，并通过各种图形元素的组合和排版，营造出一种既传统又现代的设计风格。

思维导图

　　本章思维导图如图2-4-1所示。

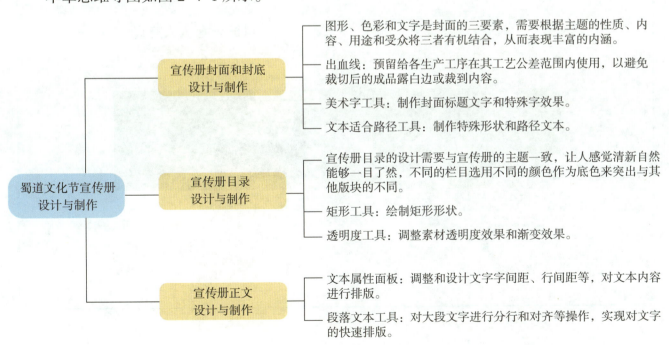

图2-4-1

综合案例设计与制作

制作环保宣传册

▶ 设计要领

1. 突出环保元素

设计时可使用地球、绿叶等自然元素，配合环保标语，同时展示垃圾分类、节水等环保行为。

还可以引用与环保相关的数据，增强说服力。

2. 色彩搭配

主色调可以以绿色、蓝色为主，以体现清新自然之感。要注意色彩过渡，避免使用刺眼或沉闷的颜色。文字颜色应与背景色形成对比，确保文字清晰可读。

3. 注重美观性和阅读性

要合理划分内容区域，保持页面平衡。应选择易读、美观的字体，标题与正文区分明显。每一页都要注意图文结合，丰富内容表达，提高阅读兴趣。在页面中不要过度使用图片或文字，可以适当留白，以给读者留下想象空间。

参考效果图如图 2-5-1 所示。

图 2-5-1

图 2-5-1（续）

CDR

项目三

蜀道文化节礼品
盒设计与制作

【3】

包装具有商业和艺术相结合的双重性。包装的功能是保护产品、传达商品信息、方便使用、促进销售、提高产品附加值。在进行设计时，需要考虑产品的特点、目标受众、品牌形象等因素。本章聚焦蜀道文化节，使用 CorelDRAW 进行礼品盒设计与制作。

学习目标

（1）掌握 CorelDRAW 的基本操作技能。

（2）掌握页面布局、对象创建与编辑等，并能根据包装版面的实际情况进行合理设置。

（3）会使用交互工具、节点编辑、位图处理等实现复杂的设计效果。

（4）掌握色彩搭配、排版布局等设计基础知识，能够在设计中进行有效的运用。

（5）通过案例学习，锻炼创意思维，提升审美能力。

（6）培养在设计中尝试新颖的元素和表达方式的能力。

（7）秉持学以致用的信念，在沟通中弘扬坚韧不拔的精神，探寻深层次需求。

（8）在设计中树立绿色环保、传承文化遗产的理念。

任务导入

小王承担了蜀道文化节筹备阶段的任务，其中一项关键工作是为蜀道文化节设计一款能够体现蜀道文化深厚内涵的礼品盒，助力当地农产品销售。

3.1.1 任务描述

1. 内容概述

使用 CorelDRAW 构建基础的礼品盒形状和图形模式。在具体操作中，使用矩形工具、钢笔工具以及透明度工具来塑造基本的图形结构，同时结合椭圆形工具、贝塞尔工具和文本工具创建多组文字和图形元素。通过精细调整对象轮廓的风格、颜色、尺寸、形状等特性，提升展开图的视觉效果。

2. 效果图展示

礼品盒平面展示效果图如图 3-1-1 所示。

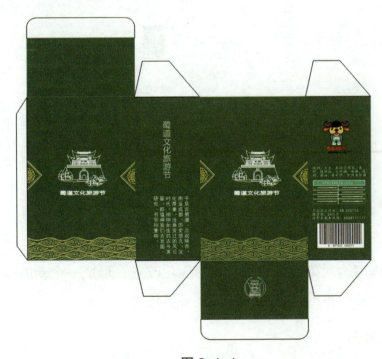

图 3-1-1

3. 实施步骤

实施步骤如图 3-1-2 所示。

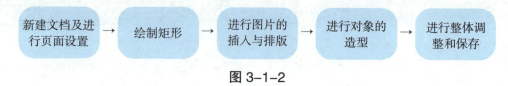

图 3-1-2

● 3.1.2 学习重点

（1）使用图框精确裁剪，将对象置入目标对象，对目标对象的外形进行精确剪裁、图像编辑、版式安排。

（2）使用对象的造型对矢量图形进行创新优化，生成新型图形。

（3）恰当运用调和工具，创造丰富的视觉效果。

● 3.1.3 知识准备

1. 轮廓属性设置

轮廓笔用于绘制和编辑矢量图形，也可以在图形上绘制出精确的轮廓线条。

选中需要编辑的对象，双击界面右下角的"轮廓笔"按钮 ，弹出"轮廓笔"对话框（图 3-1-3）。

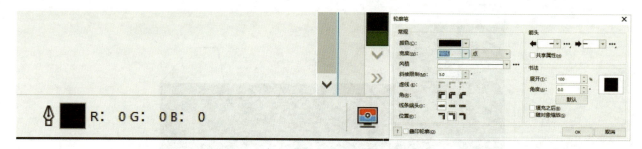

图 3-1-3

"轮廓笔"对话框中各选项说明见第一章的任务二，此处不再赘述。

2. 对象的造型

对象的造型可以理解为对矢量图形进行新的优化改进，形成一个新的图形。

关于造型操作详见第一章的任务一，此处不再赘述。

3. 调和工具的使用

"调和"就是将两个或多个图形连接起来，然后在它们之间添加渐变的形状和颜色效果（图 3-1-4）。

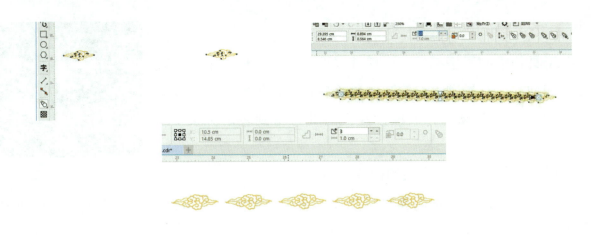

图 3-1-4

选择工具箱中的调和工具，在其属性栏中可以看到该工具的参数选项（图 3-1-5）。

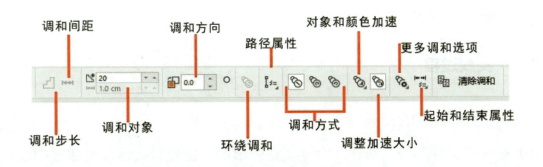

图 3-1-5

（1）调和步长：设置调和效果中的调和数量，数值代表调和中间渐变对象的数目。

（2）调和间距：在调和已附加至路径时，设置与路径匹配的调和对象之间的距离。间距越大，中间产生的图形之间的距离越大。

（3）调和对象：更改调和中的步数或调整步长间距。

（4）调和方向：设置调和对象的角度，影响调和对象的过渡方向。

（5）环绕调和：在设置调和方向后，按照调和方向在调和对象之间产生环绕式的调和效果。

（6）路径属性：将调和移动到新路径、显示路径或将调和从路径中分离出来。

（7）调和方式：改变调和对象的光谱色彩。

（8）对象和颜色加速：在弹出的下拉面板中拖动滑块能够调整图形位置和颜色。单击解锁按钮，取消锁定的状态，可分别调节"对象"和"颜色"的参数，进一步控制过渡效果的质量和外观。

（9）调整加速大小：调整调和中对象大小更改的速率。

（10）更多调和选项：拆分和融合调和，旋转调和中的对象和映射节点。

（11）起始和结束属性：选择调和的开始和结束。

4. 表格工具的使用

选择工具箱中的表格工具，出现其属性栏。在属性栏中设置表格的行数和列数、背景颜色、轮廓颜色等属性。设置完成后，在画面中按住鼠标左键拖动，释放鼠标左键后即可得到表格对象（图3-1-6）。

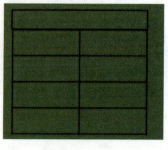

图 3-1-6

（1）行数和列数：设置表格的行数与列数。

（2）背景颜色：为表格添加背景颜色。单击右侧的倒三角按钮，在弹出的下拉面板中进行背景颜色的设置。

（3）编辑填充：自定义背景颜色。

（4）边框：设置边框的粗细程度。

（5）边框选择：在下拉菜单有9个选项，可以选择需要编辑的边框。

（6）轮廓颜色：设置表格的边框颜色。

● 3.1.4 实践过程

实例1：礼品盒的正面

（1）选择"文件"→"新建"命令，在弹出的"创建新文档"对话框中设置文档"大小"为A4，单击"横向"按钮，设置完成后单击"确定"按钮（图3-1-7）。创建一个空白新文档（图3-1-8）。

图 3-1-7

图 3-1-8

（2）选择工具箱中的矩形工具，在画面左侧绘制一个矩形（图3-1-9）。选中该矩形，双击位于界面底部的状态栏中的"填充色"按钮，在弹出的"编辑填充"对话框中设置"填充模式"为"均匀填充"，选择深绿色，单击"确定"按钮（图3-1-10）。在右侧的调色板中单击⊠按钮，去除轮廓颜色（图3-1-11）。

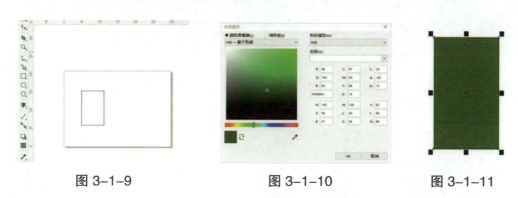

图 3-1-9　　　　　　　　图 3-1-10　　　　　　　　图 3-1-11

（3）选择工具箱中的钢笔工具，在矩形左侧绘制一个四边形（图 3-1-12）。

图 3-1-12

（4）使用矩形工具在画面中绘制一个矩形。在右侧的调色板中单击 ⊠ 按钮，去除轮廓颜色。使用交互式填充工具为该图形填充深绿色（图 3-1-13）。

（5）继续使用矩形工具在该矩形上方绘制一个稍小的矩形。选中该矩形，在属性栏中单击"圆角"按钮，单击"同时编辑所有角"按钮，并设置"左上角半径"为 5.0 mm，"右上角半径"为 5.0 mm，单击"相对角缩放"按钮，在右侧的调色板中单击 ⊠ 按钮，去除轮廓颜色（图 3-1-14）。

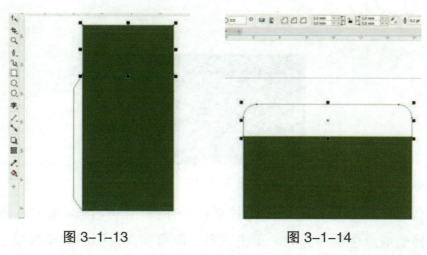

图 3-1-13　　　　　　　　　　图 3-1-14

（6）选择"文件"→"导入"命令，在弹出的"导入"对话框中选择"剑门关"图片，然后单击"导入"按钮（图 3-1-15）。

图 3-1-15

（7）选择"位图"→"快速描摹"命令，快速描摹（图 3-1-16）。

图 3-1-16

（8）选中该图形，在右侧的调色板中单击 ⊠ 按钮，去除填充色。用鼠标右键单击白色按钮，为轮廓填充颜色（图 3-1-17）。

图 3-1-17

（9）复制该图形，用鼠标右键单击图片素材，在弹出的快捷菜单中选择"PowerClip 内部"命令，当光标变成黑色粗箭头时，单击图形，即可实现位图的剪贴效果（图 3-1-18）。

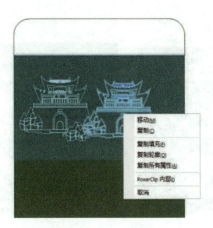

图 3-1-18

（10）选择工具箱中的透明度工具，设置图片素材的透明度（图 3-1-19）。

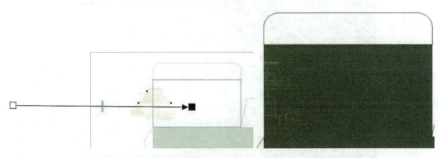

图 3-1-19

（11）选中该图形，调整至合适的位置（图 3-1-20）。选择文本工具，在属性栏中设置合适的字体、字号，设置完成后输入文字，并将该字体设置为"白色"（图 3-1-21）。

图 3-1-20①

图 3-1-21

（12）选择工具箱中的矩形工具，在画面右上方按住 Ctrl 键并按住鼠标左键拖动绘制一个正方形，然后在属性栏中设置"旋转角度"为 135°，变成菱形（图 3-1-22）。在属性栏中设置合适的轮廓宽度（图 3-1-23）。选中该正方形，在右侧的调色板中单击黄色按钮，为正方形设置轮廓颜色（图 3-1-24）。

---

① 图中所显示"蜀道文化旅游节"与书中其他部分的"蜀道文化节"并不一致，为了操作方便，此处未作修改，特此说明，后续类似情形不再重复说明。

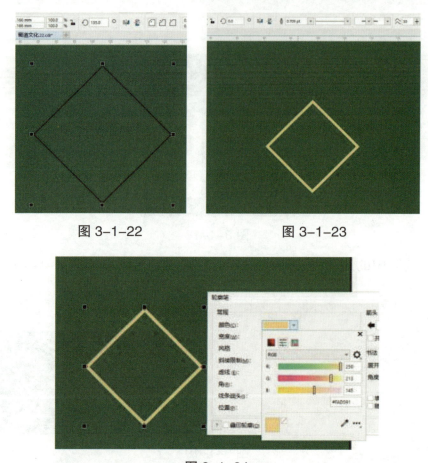

图 3-1-22   图 3-1-23

图 3-1-24

（13）使用选择工具选中画好的菱形，按住 Shift 键并按住鼠标右键复制一个稍小的菱形（图 3-1-25）。选中该菱形，在属性栏中设置合适的轮廓宽度（图 3-1-26）。

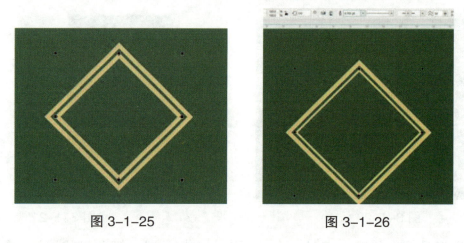

图 3-1-25   图 3-1-26

（14）选择"文件"→"打开"命令，在弹出的"打开绘图"对话框中选择标志素材"花纹"，然后单击"打开"按钮（图 3-1-27）。按"Ctrl+C"组合键将其复制，返回刚刚操作的文档中按"Ctrl+V"组合键将其粘贴，然后按"Ctrl+G"组合键组合对象，并将其移动到画面上方合适的位置（图 3-1-28）。

图 3-1-27　　　　　　　　　　　　　　图 3-1-28

（15）用鼠标右键单击标志素材，在弹出的快捷菜单中选择"PowerClip 内部"命令，当光标变成黑色粗箭头时，单击图形，即可实现位图的剪贴效果（图 3-1-29）。单击"编辑 PowerClip"按钮，调节标志素材，然后复制标志素材，调整完成后选择"完成编辑 PowerClip"命令（图 3-1-30）。

图 3-1-29　　　　　　　　　　　　　　图 3-1-30

（16）选择工具箱中的椭圆形工具，在画面上方中间位置按住 Ctrl 键并按住鼠标左键拖动绘制一个正圆（图 3-1-31）。继续在该正圆下方绘制两个等大的正圆（图 3-1-32）。

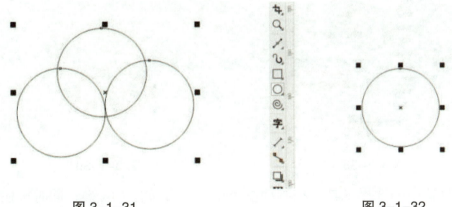

图 3-1-31　　　　　　　　　　　　　　图 3-1-32

（17）按住 Shift 键加选 3 个正圆，在属性栏中单击"焊接"按钮（图 3-1-33）。此时效果如图 3-1-34 所示。

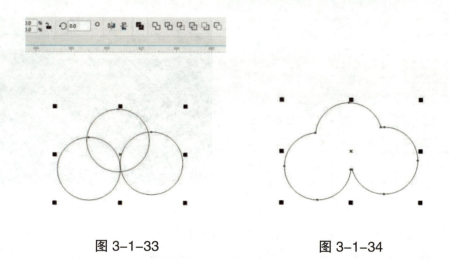

图 3-1-33   图 3-1-34

（18）使用形状工具对图形进行拆分（图 3-1-35），然后按 Delete 键删除多余部分（图 3-1-36）。用工具栏中的形状工具进行调整（图 3-1-37）。

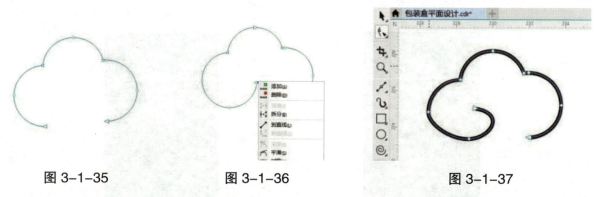

图 3-1-35   图 3-1-36   图 3-1-37

（19）选中该图形，双击位于界面底部的状态栏中的"轮廓笔"按钮，在弹出的"轮廓笔"对话框中设置颜色、宽度，单击"确定"按钮（图 3-1-38）。在属性栏中设置合适的轮廓宽度（图 3-1-39）。

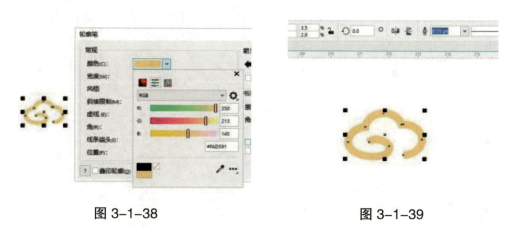

图 3-1-38   图 3-1-39

（20）选择工具箱中的选择工具，在画面上方中间位置按住 Ctrl 键，同时按住鼠标右键拖动复制图形（图 3-1-40）。

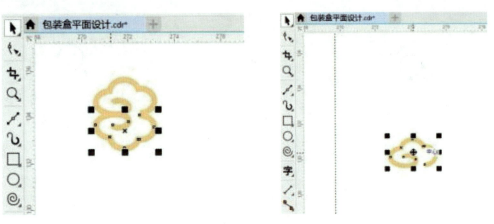

图 3-1-40

（21）选择工具箱中的椭圆形工具，在画面上方中间位置按住 Ctrl 键并按住鼠标左键拖动绘制 4 个正圆（图 3-1-41）。按住 Shift 键加选 3 个正圆，在属性栏中单击"焊接"按钮（图 3-1-42）。

图 3-1-41　　　　　　　　　　　　　　　　　　图 3-1-42

（22）使用形状工具对图形进行拆分（图 3-1-43）。然后按 Delete 键删除多余的部分，并调整轮廓的宽度和颜色（图 3-1-44）。

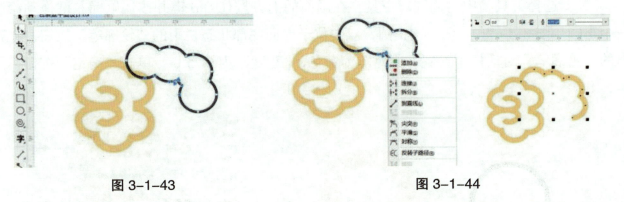

图 3-1-43　　　　　　　　　　　　　　　　　图 3-1-44

（23）在画面上方中间位置按住 Ctrl 键，同时按住鼠标左键拖动绘制一个正圆，单击鼠标右键，在弹出的快捷菜单中选择"转换为曲线"命令，然后进行拆分（图 3-1-45）。用工具栏中的形状工具进行调整（图 3-1-46）。

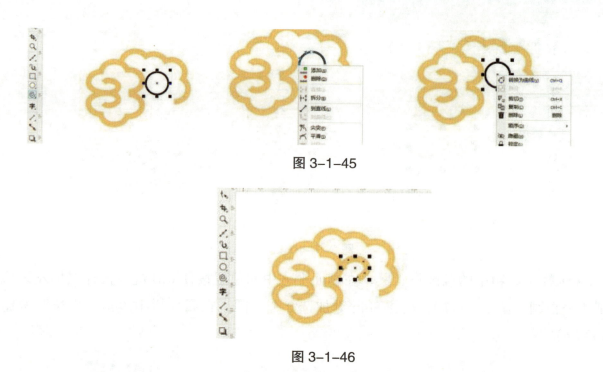

图 3-1-45

图 3-1-46

（24）使用同样的方法，制作上、下两个云纹装饰（图 3-1-47）。

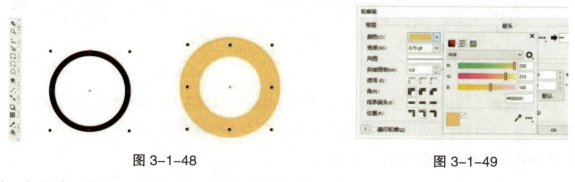

图 3-1-47

（25）选择工具箱中的椭圆形工具，在画面的上方按住 Ctrl 键并按住鼠标左键拖动绘制一个正圆（图 3-1-48）。选中该正圆，双击位于界面底部状态栏中的"轮廓笔"按钮，在弹出的"轮廓笔"对话框中设置"颜色"为黄色，"宽度"为 0.75 pt，单击"确定"按钮（图 3-1-49）。

图 3-1-48	图 3-1-49

（26）选中正圆，双击拖动中心圆，在属性栏中单击"窗口""泊坞窗"按钮，设置"变换"为"旋转"，然后编辑其中的数值（图 3-1-50）。在属性栏中单击"焊接"按钮（图 3-1-51）。

图 3-1-50

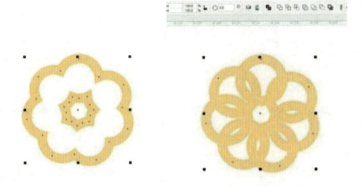

图 3-1-51

（27）通过鼠标右键的快捷菜单拆分曲线（图 3-1-52），然后按 Delete 键删除多余的部分，并调整轮廓的宽度和颜色（图 3-1-53）。

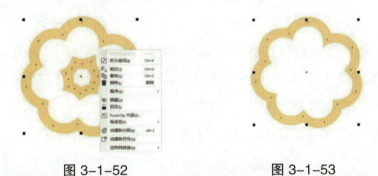

图 3-1-52   图 3-1-53

（28）使用形状工具对图形进行拆分（图 3-1-54）。然后按 Delete 键删除多余的部分，并调整图形位置（图 3-1-55）。

图 3-1-54

图 3-1-55

（29）在图形中间绘制正圆，双击位于界面底部状态栏中的"轮廓笔"按钮，在弹出的"轮廓笔"对话框中设置颜色、宽度，单击"确定"按钮（图 3-1-56）。通过鼠标右键的快捷菜单转换为曲线（图 3-1-57）。继续拆分曲线（图 3-1-58），使用形状工具调整图形样式（图 3-1-59）。

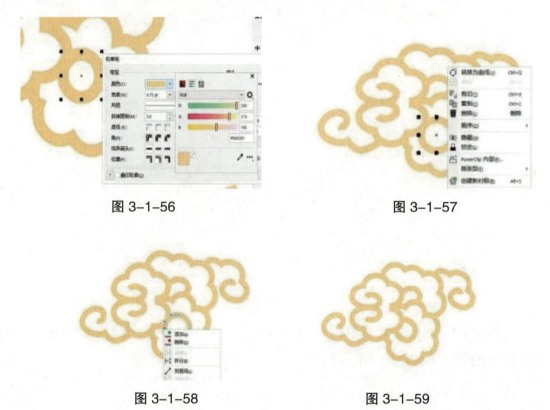

图 3-1-56   图 3-1-57

图 3-1-58   图 3-1-59

（30）选择工具箱中的贝塞尔工具，在画面中按住鼠标左键并拖动，绘制需要的图形，调整轮廓笔的颜色和宽度（图 3-1-60）。按"Ctrl+C"组合键将其复制，返回刚刚操作的文档中使用按"Ctrl+V"组合键将其粘贴，调整到合适的位置，使用形状工具进行局部调整（图 3-1-61）。全选图形，按"Ctrl+G"组合键将其组合（图 3-1-62）。

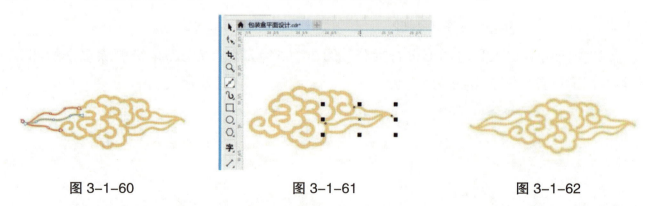

图 3-1-60   图 3-1-61   图 3-1-62

（31）选中该图形，按住鼠标左键向右移动，同时按住 Shift 键，移动到合适的位置后进行水平复制（图 3-1-63）。

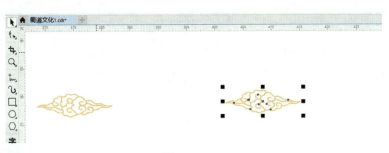

图 3-1-63

（32）选择工具箱中的调和工具，在左侧图形上按住鼠标左键，拖至右侧图形上，释放鼠标左键。接着在属性栏中设置"调和对象"为 3（图 3-1-64）。选中一排图形，然后按住鼠标左键向下拖动，同时按住 Shift 键，移动到合适的位置后进行垂直移动复制（图 3-1-65）。

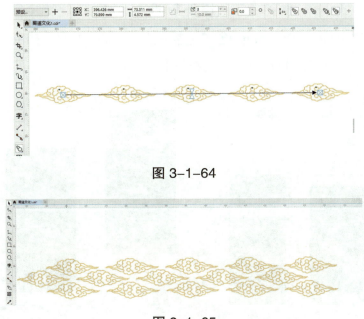

图 3-1-64

图 3-1-65

（33）在图形上方使用贝塞尔工具绘制曲线，然后使用形状工具进行调整，并将其摆放在画面下方合适的位置（图 3-1-66）。使用同样的方法复制多个图形（图 3-1-67）。

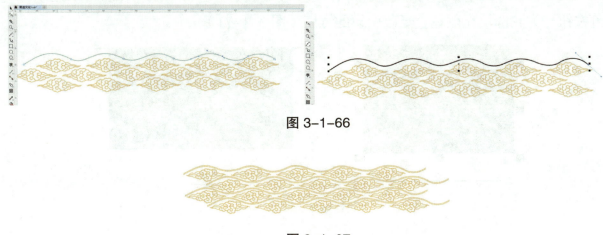

图 3-1-66

图 3-1-67

（34）选择全部图形，按"Ctrl+G"组合键进行组合，然后用鼠标右键单击图形，在弹出的快捷菜单中选择"PowerClip 内部"命令，当光标变成黑色粗箭头时单击图形，即可实现位图的剪贴效果，然后调整素材，调整完成后选择"完成编辑 PowerClip"命令（图3-1-68）。

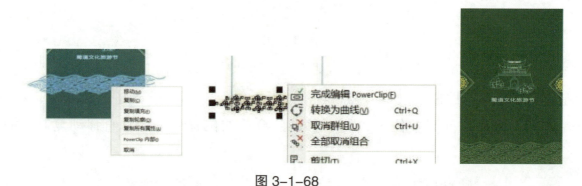

图 3-1-68

（35）复制礼品盒正面，按住 Shift 键加选复制的礼品盒正面上方折叠图形，在属性栏中单击"垂直镜像"按钮（图3-1-69），然后将其移动到画面下方合适的位置（图3-1-70）。

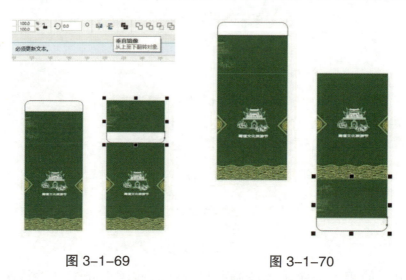

图 3-1-69　　　　　　　　　　　图 3-1-70

（36）绘制绿色矩形，然后选择"文件"→"打开"命令，打开标志素材，并将其移动到画面上方合适的位置，选中该图形，在右侧的调色板中单击 ☒ 按钮，去除填充色，再单击白色按钮，为轮廓填充颜色，更改轮廓的宽度（图3-1-71）。

图 3-1-71

实例 2：礼品盒的侧面

（1）选择工具箱中的矩形工具，在礼品盒正面右侧绘制一个矩形（图 3-1-72）。选中该矩形，在右侧的调色板中单击 ⊠ 按钮，去除轮廓颜色，再单击绿色按钮，为矩形填充颜色（图 3-1-73）。

图 3-1-72　　　　　　　　　　　　图 3-1-73

（2）选择工具箱中的钢笔工具，在刚刚绘制的矩形上方绘制一个四边形（图 3-1-74）。用同样的方法，在下方绘制类似的四边形（图 3-1-75）。

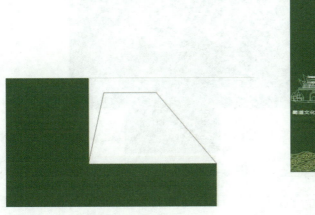

图 3-1-74　　　　　　　　　　　　图 3-1-75

（3）使用文本工具输入文字，在属性栏中设置文字属性，单击"将文字更改为垂直方向"按钮，在右侧的调色板中设置文字颜色为白色（图 3-1-76）。

图 3-1-76

（4）继续使用文本工具创建一个新的文本框（图 3-1-77）。添加文字，设置文字属性（图 3-1-78）。

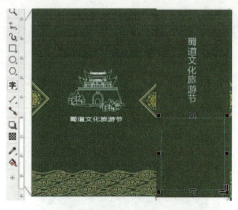 

图 3-1-77　　　　　　　　　　　　　图 3-1-78

（5）使用同样的方法，绘制矩形和四边形（图 3-1-79）。

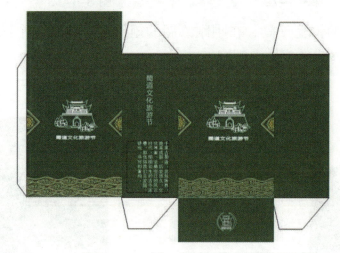

图 3-1-79

（6）选择"文件"→"打开"命令，打开素材"羚牛宝宝"，将其移动到画面上方合适的位置（图 3-1-80）。

图 3-1-80

（7）选择工具箱中的表格工具，在属性栏中设置"行数"为4，"列数"为2，按住鼠标左键拖动鼠标绘制表格（图3-1-81）。

图 3-1-81

（8）选择工具箱中的矩形工具，绘制表格上方的图形，填充颜色，将轮廓颜色设置为白色，输入表格中的文字，设置字体属性（图3-1-82）。

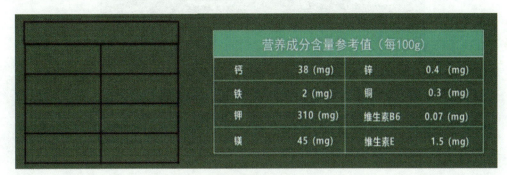

图 3-1-82

（9）使用文本工具创建一个新的文本框，输入相应文字并设置文字属性（图3-1-83）。

图 3-1-83

（10）选择"对象"→"插入"→"条形码"命令，绘制条形码图形（图3-1-84）。

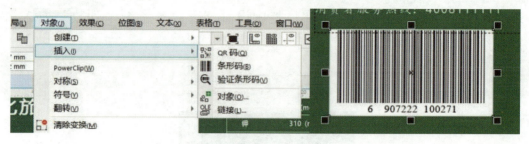

图 3-1-84

（11）调整版面布局，完成礼品盒侧面设计（图 3-1-85）。

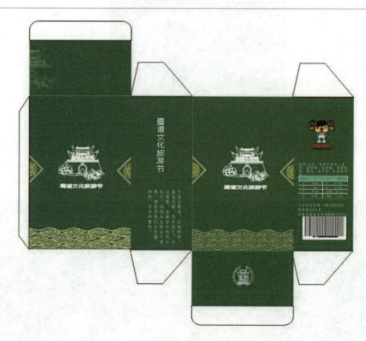

图 3-1-85

● 3.1.5 总结和评价

对照表 3-1-1 进行总结和评价。

表3-1-1　总结和评价表

评价指标	评价结果	备注
能够根据需要正确建立文档并设置大小	□A □B □C	
能够使用矩形工具绘制矩形	□A □B □C	
能够使用贝塞尔工具绘制直线	□A □B □C	
能够使用对象的造型进行图形调整	□A □B □C	

评价指标	评价结果	备注
能够使用图框精确裁剪对文字和图片背景进行处理	□A □B □C	
综合评价		

实训报告

实训项目			
实训时间		课时安排	
实训地点		主要工具	

实训过程（根据提示写出具体步骤和使用的工具）

1.新建文档并设置大小

2.进行礼品盒正面设计与制作

3.进行礼品盒侧面设计与制作

4.进行整体调整和布局

实训总结

CDR

● 3.2.1 任务描述

1. 内容概述

本任务使用矩形工具、交互式填充工具以及阴影工具等制作礼品盒立体展示效果。

2. 效果图展示

蜀道文化节礼品盒立体展示效果图如图 3-2-1 所示。

图 3-2-1

3. 实施步骤

实施步骤如图 3-2-2 所示。

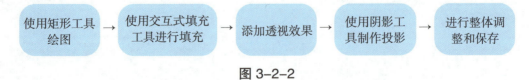

图 3-2-2

● 3.2.2 学习重点

（1）为图层添加透视效果。

（2）使用阴影工具为矢量图形对象、文本对象、位图对象和群组对象创建阴影效果。

● 3.2.3 知识准备

使用阴影工具可以为矢量图形对象、文本对象、位图对象及组合对象创建阴影效果。选定一个对象，然后切换到阴影工具，将光标移动至图形上，按住鼠标左键并拖动至所需位置。完成拖动后，松开鼠标左键，即可观察到所添加的阴影效果（图 3-2-3）。

图 3-2-3

完成阴影效果的添加后，阴影上将显示一个调节杆，通过此调节杆可以调整阴影的位置，同时结合属性栏对阴影的其他属性进行详细设置（图 3-2-4）。

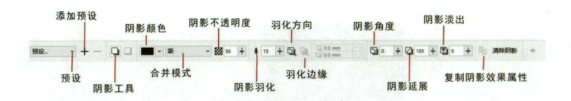

图 3-2-4

（1）预设："预设"下拉列表中包含多种内置的阴影效果。选择一个图形对象，然后在"预设"下拉列表中选择某个样式，即可为对象应用相应的阴影效果。

（2）阴影角度：输入数值，可以设置阴影的方向。

（3）阴影延展：调整阴影边缘的延展方向。

（4）阴影淡出：调整阴影边缘的淡出程度。数值越大，远处阴影的渐隐效果越明显。

（5）阴影不透明度：调整阴影的不透明度。数值越大，阴影越不透明。

（6）阴影羽化：调整阴影边缘的锐化和柔化。数值越大，阴影越柔和。

（7）羽化方向：向阴影内部、外部或同时向内部和外部柔化阴影边缘。CorelDRAW 提供"高斯式模糊""向内""中间""向外"和"平均"5 种羽化方向。

（8）羽化边缘：设置边缘的羽化类型，可以在下拉列表中选择"线性""方形的""反白方形"和"平面"选项。

（9）阴影颜色：在下拉列表中选择一种颜色，即可直接改变阴影的颜色。

（1）使用矩形工具绘制一个矩形（图3-2-5）。选择工具箱中的"交互式填充工具"，在属性栏中单击"渐变填充"按钮，设置"渐变类型"为"椭圆形渐变填充"，编辑一个灰色系的渐变色，在右侧的调色板中单击 ⊠ 按钮，去除轮廓颜色（图3-2-6）。

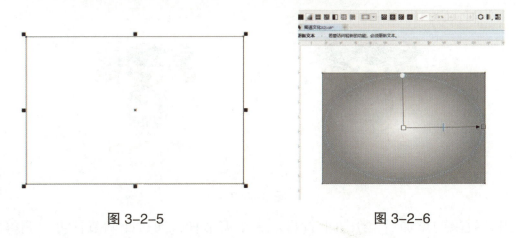

图 3-2-5　　　　　　　　　　　　　　　　图 3-2-6

（2）将礼品盒的正面、顶面和侧面各复制一份，粘贴至上一步绘制的矩形中（图3-2-7）。

图 3-2-7

（3）使用选择工具选择礼品盒的正面，按"Ctrl+G"组合键组合对象，选择"效果"→"添加透视"命令，将光标移到图形的4个角的方向点上，按住鼠标左键拖动，调整其透视角度（图3-2-8）。

图 3-2-8

（4）使用同样的方法，制作作品盒的侧面及顶面并调整位置（图 3-2-9）。

图 3-2-9

（5）降低礼品盒侧面的亮度。选择工具箱中的钢笔工具，在礼品盒侧面绘制一个与侧面等大的四边形。选中该四边形，在右侧的调色板中单击 ⊠ 按钮，去除轮廓颜色。为四边形填充绿色。选择工具箱中的透明度工具，在属性栏中设置"透明度的类型""合并模式"分别为"均匀透明度""如果更暗"，设置"透明度"为 50，单击"全部"按钮（图 3-2-10）。

图 3-2-10

（6）制作礼品盒底面阴影效果。选择工具箱中的钢笔工具，在礼品盒下方绘制一个四边形。选中该四边形，在右侧的调色板中单击⊠按钮，去除轮廓颜色。单击黑色按钮，为四边形填充颜色（图3-2-11）。

图 3-2-11

（7）选择工具箱中的阴影工具，用鼠标左键在四边形底部由下至上拖动制作投影，在属性栏中设置"阴影角度"为95，"阴影延展"为80，"阴影淡出"为0，"阴影不透明度"为50，"阴影羽化"为15，"阴影颜色"为黑色，"合并模式"为"乘"（图3-2-12）。选中该四边形，选择"对象"→"顺序"→"向后一层"命令，将其移动至礼品盒下方合适的位置（图3-2-13）。

图 3-2-12   图 3-2-13

（8）将礼品盒的另一面复制一份，在CorelDRAW中增加一页（图3-2-14）。

图 3-2-14

（9）把文件导出为位图，保存格式为 PNG（图 3-2-15）。

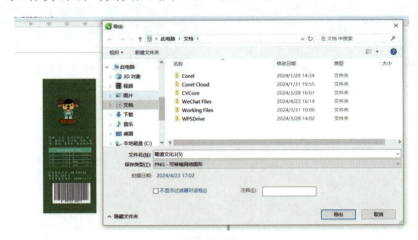

图 3-2-15

（10）运用上面的步骤制作礼品盒的另一面的立体效果，将侧面图形导入另一侧面图形，制作透视效果（图 3-2-16）。

图 3-2-16

● 3.2.5 总结和评价

对照表 3-2-1 进行总结和评价。

表3-2-1　总结和评价表

评价指标	评价结果	备注
能够使用矩形工具绘制矩形	□A □B □C	
能够使用交互式填充工具为造型填充丰富的颜色	□A □B □C	
能够调整透视点，通过移动控制节点创建透视效果	□A □B □C	

续表

评价指标	评价结果	备注
能够使用阴影工具为文字或图形添加投影	□A □B □C	
综合评价		

实训报告

实训项目			
实训时间		课时安排	
实训地点		主要工具	

实训过程（根据提示写出具体步骤和使用的工具）

1.运用透视效果制作立体图形

2.使用阴影工具制作图形的投影

3.进行整体调整和布局

实训总结

● 3.2.6 拓展案例

设计与制作精美图案

▷ 设计要领

（1）使用矩形工具绘制一个 210 mm × 297 mm 的矩形。

（2）使用贝塞尔工具或钢笔工具绘制图形（图 3-2-17）。

图 3-2-17

学习总结

略。

思维导图

本章思维导图如图 3-3-1 所示。

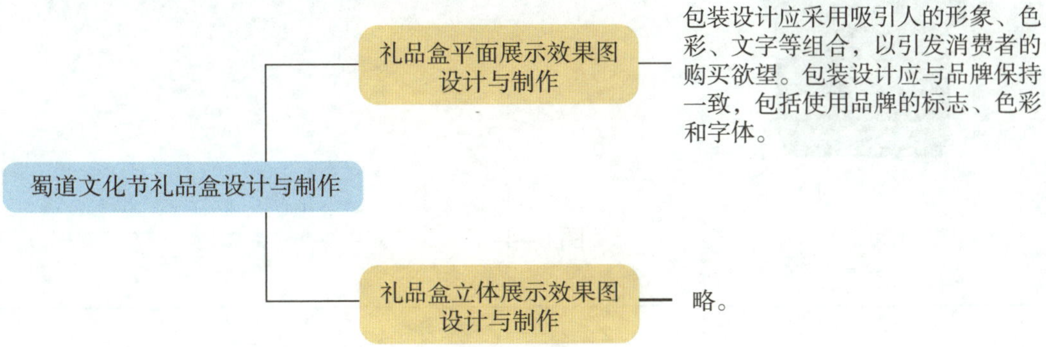

礼品盒平面展示效果图设计与制作 —— 包装设计应采用吸引人的形象、色彩、文字等组合，以引发消费者的购买欲望。包装设计应与品牌保持一致，包括使用品牌的标志、色彩和字体。

蜀道文化节礼品盒设计与制作

礼品盒立体展示效果图设计与制作 —— 略。

图 3-3-1

综合案例设计与制作

制作端午节包装盒

▷ **设计要领**

1. 融入端午节文化元素

设计时要充分考虑端午节文化元素，如龙舟、粽子、艾草、五彩绳等，这些元素能够很好地营造端午节的文化氛围。通过巧妙地将这些元素融入包装盒设计，可以增强消费者对产品的文化认同感。

2. 合理地选择与搭配色彩

色彩在包装盒设计中起着至关重要的作用。对于端午节包装盒，可以选择绿色、黄色、红色等具有端午节氛围的颜色。同时，要注意色彩的搭配与协调，以创造视觉上令人愉悦的效果。

3. 注重实用性与美观性

包装盒不仅要美观，还要实用。设计时需要考虑包装盒的结构、尺寸和材质，确保它能够妥善保护产品，并方便消费者携带和打开。

参考效果图如图 3-4-1 所示。

图 3-4-1

CDR

项目四

蜀道文化节主题网
站前端设计与制作

【4】

　　蜀道文化节是以蜀道文化旅游为主题的节庆活动，是传承和弘扬蜀道文化、推动地方经济发展的重要抓手。本章聚焦蜀道文化节主题网站前端设计与制作，通过 CorelDRAW 实现前端视觉效果。作为网站的视觉门面，前端页面不仅关乎网站的整体形象，更是影响用户体验的关键因素。需要深入领悟蜀道文化节的主题与氛围，充分发挥 CorelDRAW 的功能优势，巧妙地将蜀道文化元素融入页面布局，通过色彩、排版、图标等元素构建引人入胜的前端页面。同时，需要关注网站的易用性和导航性，确保用户能够便捷地浏览与获取信息，进而提升用户对蜀道文化节的兴趣和参与度。本章节通过实例展示一个完整的设计过程，帮助读者更好地理解和掌握网站前端设计与制作的核心技能和方法。

学习目标

　　（1）使用图框精确裁剪，将图像、文本或其他矢量图形置于特定形状或容器中。

　　（2）使用位图颜色遮罩识别并遮盖指定颜色，消除位图背景，凸显主体。

　　（3）使用艺术笔工具绘制丰富多样的图案，创造独特的艺术效果，提升页面的美观度。

　　（4）通过透明度工具调整对象的不透明度，控制对象在整体设计中的融合度和层次感。

　　（5）使用圆角矩形工具绘制带有圆角的矩形，提供灵活多样的图形选择。

　　（6）为图形或对象添加投影效果，使其更具立体感和层次感。

　　（7）设计丰富多样的文字，使用文字工具展现独特魅力。

　　（8）掌握网页设计的基本原则和方法，根据客户需求打造个性化网页。

　　（9）通过案例制作，在学习过程中培养诚信、刻苦、善于沟通和团队合作的职业习惯，成为符合社会需要的职业技术人才。

　　（10）通过设计蜀道文化节相关产品，将传统文化与现代设计结合，创作出具有中国特色的设计作品。

　　（11）通过在设计中大胆地尝试新的元素和理念，激发创新思维。

　　（12）培养实践能力，将所学知识应用到实际项目中，提升解决问题的能力。

　　（13）树立正确的职业观和人生观，明确自己的职业发展方向。

任务导入

　　小王承担了一个项目，任务是设计蜀道文化节主题网站。领导要求他根据客户需求，绘制网页的整体布局并逐步完成网站内容的设计。小王决定使用 CorelDRAW 完成任务。CorelDRAW 是一款功能丰富的矢量图形制作工具软件，不仅可以进行矢量动画制作、网页设计、网站构建、位图编辑以及网页动画制作等，还可以优化网站内容的呈现效果。

任务一　主页版式设计

● 4.1.1 任务描述

1. 内容概述

依据目标用户的需求，小王查阅了大量与当地文化相关的资料和相关网站信息，初步确定了网站的整体风格及创意，选择使用 CorelDRAW 进行主页版式设计。

2. 效果图展示

蜀道文化节主题网站主页版式效果图如图 4-1-1 所示。

图 4-1-1

3. 实施步骤

实施步骤如图 4-1-2 所示。

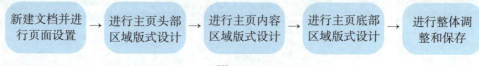

图 4-1-2

● 4.1.2 学习重点

（1）根据客户需求设置页面的大小和方向。

（2）使用矩形工具和贝塞尔工具对页面进行整体布局设计。

（3）使用文字工具和图框精确裁剪设计页面背景。

● 4.1.3 知识准备

1. 图框精确裁剪

图框精确裁剪是编辑、剪裁图像的常用方法。它能够使用户将选定的对象（如矢量、位图、文字等）精确地剪裁至指定容器中，以展示或隐藏对象的特定部分。在商标设计、标志制作、模型绘制、插图描画、排版及分色输出等领域，该方法具有极高的实用价值。

（1）选择多边形工具绘制图 4-1-3 中左侧的容器，单击图 4-1-3 右侧的图像，选择"对象"→"PowerClip"→"置于图文框内部"命令（图 4-1-4），可将选择的图像放入指定的容器，容器之内的图像即剪裁效果（图 4-1-5）。

图 4-1-3

图 4-1-4

图 4-1-5

（2）将图像嵌入图文框，用鼠标右键单击图像，在弹出的快捷菜单中选择"调整内容"命令，实现对图像的调整（图 4-1-6）。

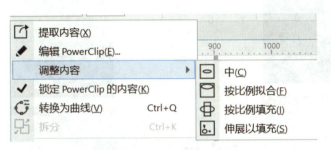

图 4-1-6

（3）用鼠标右键单击图像，在弹出的快捷菜单中选择"提取内容"命令，提取图文框中置入的图像。

2. 贝塞尔工具

关于贝塞尔工具的讲解请参考第一章的任务二，此处不再赘述。

● 4.1.4 实践过程

（1）启动 CorelDRAW，新建一个空白文档并命名为"蜀道文化节主题网站"。设置页面尺寸为宽 900 mm × 高 1 600 mm，页面方向为纵向（图 4-1-7）。

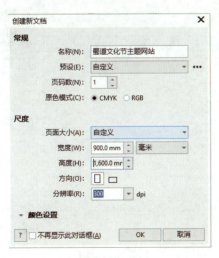

图 4-1-7

（2）选择矩形工具，绘制一个尺寸为宽 800 mm × 高 343 mm 的横向矩形，设置页面对齐方式为水平居中对齐，并填充浅蓝色（C：2，M：0，Y：0，K：0）（图 4-1-8），设置轮廓颜色为（C：60，M：0，Y：40，K：40）（图 4-1-9）。

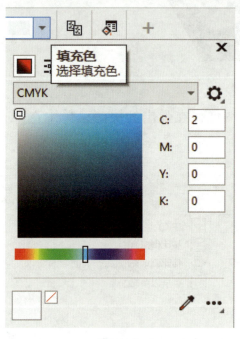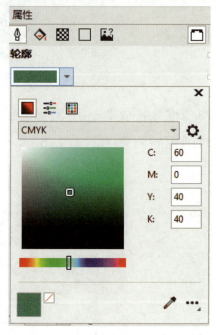

图 4-1-8 图 4-1-9

（3）选择文本工具，输入文本"Travel"，调整字体和字号（图 4-1-10），同时将文字颜色设置为 20% 的黑色。

图 4-1-10

（4）选择文本"Travel"，再选择"对象"→"PowerClip"→"置于图文框内部"命令，并将其调整至合适的位置（图 4-1-11）。

图 4-1-11

（5）在矩形顶部使用贝塞尔工具绘制一条与矩形等宽的直线，设置轮廓颜色为40%的黑色，将其放置在合适的位置（图4-1-12）。

图 4-1-12

（6）在下方复制一个已制作的矩形，选中复制的矩形，单击鼠标右键，在弹出的快捷菜单中选择"编辑 PowerClip"命令（图4-1-13）。在矩形的中下部输入英文"Our Most Popular Trekking"，将颜色设置为20%的黑色，调整字体、字号（图4-1-14）。完成编辑后，单击鼠标右键，在弹出的快捷菜单中选择"完成编辑 PowerClip"命令（图4-1-15）。

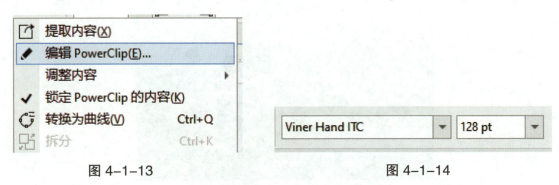

图 4-1-13　　　　　　　　　　　　　　图 4-1-14

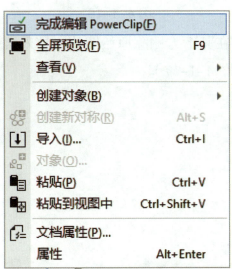

图 4-1-15

（7）复制第二个矩形，并将其置于下方。删除其中的英文内容。

（8）导入素材"image-1"，利用"置于图文框内部"命令将其置于矩形中，并将其调整至合适的大小（图4-1-16）。

图 4-1-16

（9）复制第三个矩形，并在其下方删除原始图片，导入素材"bottom-bg"，将其置于矩形中，并调整至合适的大小（图4-1-17）。

图 4-1- 17

（10）导入素材"banner-stones"，将其放在合适的位置，并调整在合适的大小（图4-1-18）。

图4-1-18

（11）调整并保存。

● 4.1.5 总结和评价

对照表4-1-1进行总结和评价。

表4-1-1　总结和评价表

评价指标	评价结果	备注
能够根据需要正确建立文档并设置大小	□A □B □C	
能够使用矩形工具绘制矩形	□A □B □C	
能够使用贝塞尔工具绘制直线	□A □B □C	

评价指标	评价结果	备注
能够使用文字工具输入文字并进行设置	□A □B □C	
能够使用图框精确裁剪对文字和图片背景进行处理	□A □B □C	
综合评价		

实训报告

实训项目			
实训时间		课时安排	
实训地点		主要工具	

实训过程（根据提示写出具体步骤和使用的工具）

1.新建文档并设置大小

2.进行主页头部区域版式设计

3.进行主页内容区域版式设计

4.进行主页底部区域版式设计

5.进行整体调整和保存

实训总结

任务二　主页头部区域设计与制作

● 4.2.1 任务描述

1. 内容概述

在完成网页整体布局的基础上，进行主页头部区域设计与制作。在此过程中，深入学习和运用 CorelDRAW 的图像编辑、文字编排、样式调整以及色彩处理等功能，在主页头部区域高效展示品牌特色、导航信息、搜索功能及联系方式，以优化用户体验，进一步提升品牌的认知度，扩大品牌的影响力。

2. 效果图展示

主页头部区域效果图如图 4-2-1 所示。

图 4-2-1

3. 实施步骤

实施步骤如图 4-2-2 所示。

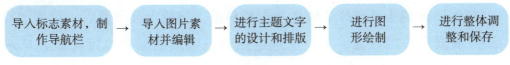

图 4-2-2

● 4.2.2 学习重点

（1）能够熟练运用图框精确裁剪，将选定对象精准地置入目标对象，并依据目标对象的轮廓进行精确裁剪，同时对图像进行编辑和版式调整。

（2）应用"位图遮罩"功能，有效地遮盖位图中的指定颜色区域，消除位图背景。

（3）使用艺术笔工具，绘制具有表现力的图案，为设计作品增添独特的艺术效果。

（4）掌握渐变透明度工具的使用方法，通过调整透明度实现图形的层次感与融合效果，使设计作品更具视觉吸引力。

● 4.2.3 知识准备

1. 位图遮罩

"位图遮罩"功能是 CorelDRAW 针对位图编辑所提供的一项功能，它支持用户根据需求对特定颜色进行隐藏或显示操作。在图像抠图或特定颜色区域的调整过程中，它能显著提高编辑的效率和准确性。具体使用方法如下。

（1）导入一张位图（图 4-2-3）。

（2）选择"位图"→"位图遮罩"命令（图 4-2-4），打开"位图遮罩"对话框。

图 4-2-3

图 4-2-4

（3）根据需求单击"隐藏选定项"或"显示选定项"单选按钮，以决定是否隐藏或显示特定的颜色。随后，在色彩条列表框中选择一个色彩条，或利用吸管工具在位图中选取所需遮罩的颜色。通过"容限"值的调整，控制颜色选择的精确性，"容限"值越大，选择的颜色范围越广；"容限"值越小，选择的颜色范围越精准。完成上述设置后，单击"应用"按钮（图 4-2-5），将依据用户的设置，对位于选定颜色范围内的颜色执行隐藏或显示操作（图 4-2-6）。

图 4-2-5

图 4-2-6

2. 艺术笔工具

艺术笔工具作为图形编辑领域的常用特色工具，可以模拟真实的笔触效果。CorelDRAW 提供了"预设""笔刷""喷涂""书法"和"表达式"等多样化的预设笔触类型（图 4-2-7）。在绘图过程中，用户可以直接利用艺术笔工具喷涂由多种图案构成的图形组合，从而创作出独具特色的设计作品。

图 4-2-7

（1）选择好笔触类型后，通过单击确定开始节点，拖动鼠标以绘制所需的图案（图 4-2-8）。

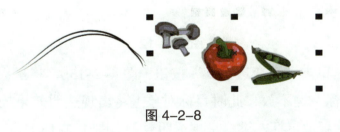
图 4-2-8

（2）在使用艺术笔工具绘制图形后，可对绘制的图形进行相应的调整（图 4-2-9）。

图 4-2-9

（3）艺术笔工具具备沿指定路径绘制图形的功能，路径将以隐藏形式呈现，但依然支持编辑与调整（图 4-2-10）。

图 4-2-10

艺术笔工具在多个领域展现出广泛的应用价值,包括插画、漫画、广告设计以及平面设计等领域。它能够有效辅助用户快速构建个性化和具有艺术感的设计元素,为设计作品赋予别具一格的视觉吸引力。

3. 透明度工具

透明度工具(图 4-2-11)主要用于调整对象填充色的透明程度,增添视觉效果。用户可以根据实际需求在属性栏中进行设置,选择相应的透明度样式(图 4-2-12)。

图 4-2-11

图 4-2-12

(1)渐变透明度。单击"渐变透明度"按钮(图 4-2-13),将鼠标指针移至目标对象上(图 4-2-14),按住鼠标左键不放,此时目标对象上将出现透明效果控制线,沿着预定方向拖动鼠标,完成调整后释放鼠标左键,呈现透明效果(图 4-2-15)。

如需调整透明效果的具体位置和长度,可以使用鼠标拖动透明效果控制线。如需改变透明效果的强度,可以通过拖动透明效果控制线上的长条矩形节点来实现。通常,节点的值越大,对应的透明度也会越高。

图 4-2-13

图 4-2-14

图 4-2-15

（2）均匀透明度。选中需要添加透明度效果的对象，在属性栏中单击"均匀透度"按钮，通过调整"透明度"滑块或输入数值来精确地设定透明度的高低（图 4-2-16）。均匀透明度效果如图 4-2-17 所示。

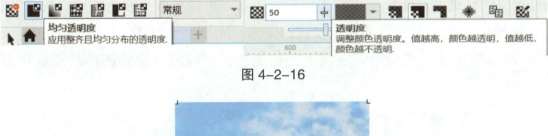

图 4-2-16

图 4-2-17

（3）图样透明度。图样透明度有向量图样透明度、位图图样透明度和双色图样透明度 3 种类型。选中需要添加透明度效果的对象，然后选择透明度工具，在属性栏中选择一种图样透明度，再选择合适的图样，接着通过调整"前景透明度"和"背景透明度"来设置透明度的高低（图 4-2-18），向量图样透明度效果如图 4-2-19 所示。

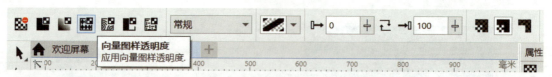

图 4-2-18

图 4-2-19

通过调整图样透明度矩形范围线上的白色圆点，可以有效控制添加图样的尺寸和朝向。当矩形范围被扩大时，图样尺寸相应增大；反之，缩小矩形范围，图样尺寸相应减小（图4-2-20）。通过操作透明度矩形范围线上的控制柄，可以灵活调整图样的倾斜和旋转效果（图 4-2-21）。

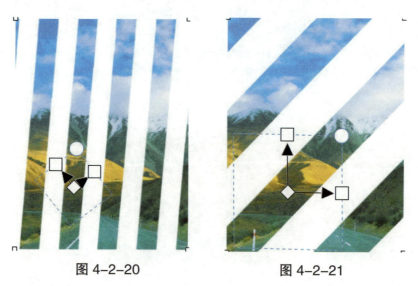

图 4-2-20　　　　　　　　图 4-2-21

● 4.2.4 实践过程

（1）启动 CorelDRAW，执行打开文档操作，选择并加载文件名为"蜀道文化节主题网站 .cdr"的文档。

（2）选择网页头部区域矩形，导入所需标志素材，将其放在矩形左上角位置，并使其处于被选中状态。选择"位图"→"位图遮罩"命令（图 4-2-22），通过设置参数（图 4-2-23），将标志的白色背景去除。

图 4-2-22   图 4-2-23

（3）在标志右侧输入文本"蜀道文化节"，设置字体、字号（图 4-2-24）。

图 4-2-24

（4）将标志和文本对齐方式设置为水平居中对齐（图 4-2-25）。

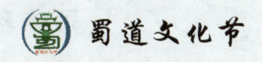

图 4-2-25

（5）使用贝塞尔工具（图 4-2-26）在主页头部区域下方绘制一条与矩形同样宽度的线条，设置轮廓宽度为 0.2 mm，轮廓颜色为 40% 的黑。在右上角输入导航栏的相关信息，绘制"主页"与"搜索"图标，调整图标的大小和间距，保证页面布局的整洁与美观（图 4-2-27）。

图 4-2-26

图 4-2-27

（6）导入图片素材"剑门关.jpg"，使用"位图遮罩"功能去除其中的白色背景，根据需求调整图片素材至合适的大小，并将其放置在矩形内部的右侧位置（图 4-2-28）。

图 4-2-28

（7）在矩形的左侧区域，输入文本"漫步古蜀道 品味翠云廊"，设置字体、字号大小（图 4-2-29），最终效果如图 4-2-30 所示。

图 4-2-29 图 4-2-30

（8）选择工具箱中的艺术笔工具（图 4-2-31）。在新喷涂列表中选择艺术笔样式（图 4-2-32），绘制艺术笔效果（图 4-2-33）。单击鼠标右键，在弹出的快捷菜单中选择"拆分艺术笔组"命令，分解该艺术笔（图 4-2-34），根据需求调整其角度，并向右调整其长度，按"Ctrl+G"组合键对调整后的艺术笔元素执行群组操作，将其置于第一行文字下方。

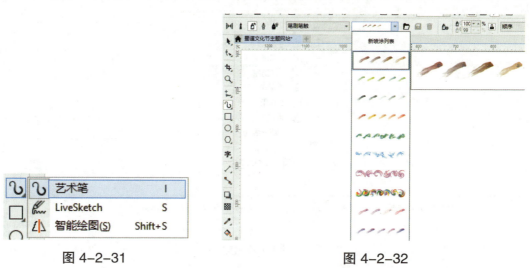

图 4-2-31 图 4-2-32

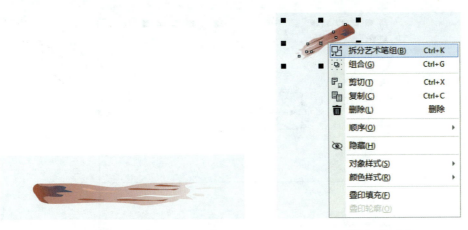

图 4-2-33　　　　　　　　　　　图 4-2-34

（9）复制群组后的艺术笔元素，置于第二行文字下方（图 4-2-35）。

图 4-2-35

（10）选择工具箱中的文本工具，在页面中绘制一个文本框，设置字体为"黑体"，字号为"36 pt"，输入相应文本（图 4-2-36）。

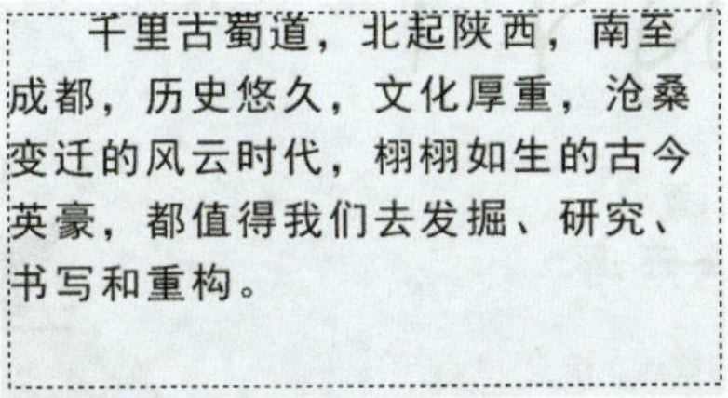

千里古蜀道，北起陕西，南至
成都，历史悠久，文化厚重，沧桑
变迁的风云时代，栩栩如生的古今
英豪，都值得我们去发掘、研究、
书写和重构。

图 4-2-36

（11）选择工具箱中的矩形工具，绘制一个宽 45 mm × 高 11 mm 的矩形，设置圆角为 1 mm，轮廓为 0.5 mm，轮廓颜色为 60% 的黑（图 4-2-37）。

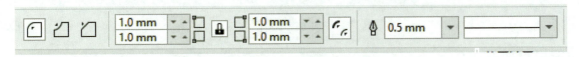

图 4-2-37

（12）选择工具箱中的透明度工具，单击"渐变透明度"按钮，设置效果（图 4-2-38）。

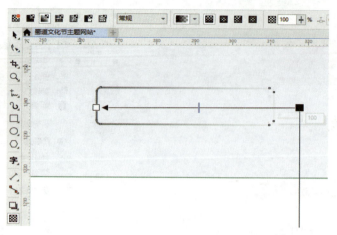

图 4-2-38

（13）选择工具箱中的文本工具，输入文本"查看所有旅游项目 >>"，设置字体和符号颜色（图 4-2-39）。

图 4-2-39

（14）调整页面中各元素的位置，使其呈现既美观又符合预期的视觉效果，保存文件（图 4-2-40）。

图 4-2-40

技能提示如下。

（1）使用"位图遮罩"功能时可以使用吸管工具在页面中吸取需要遮罩的颜色，然后单击"应用"按钮。

（2）使用贝塞尔工具时按住 Shift 键可以绘制水平直线。

● 4.2.5 总结和评价

对照表4-2-1进行总结和评价。

表4-2-1　总结和评价表

评价指标	评价结果	备注
能够正确导入素材	□A □B □C	
能够使用"位图遮罩"功能去除素材背景颜色	□A □B □C	
能够熟练使用艺术笔工具	□A □B □C	
能够使用矩形工具和透明度工具绘制图形	□A □B □C	
能够根据效果图完成文字的排版和设计	□A □B □C	
综合评价		

实训报告		
实训项目		
实训时间	课时安排	
实训地点	主要工具	
实训过程（根据提示写出具体步骤和使用的工具）		

1.导入标志素材，制作导航栏

2.导入图片素材并编辑

3.进行主题文字的设计和排版

4.进行图形绘制

5.进行整体调整和保存

续表

评价指标	评价结果	备注
实训总结		

● 4.2.6 拓展案例

购物网站主页头部及banner设计

▶ 设计要领

（1）进行页面布局。

（2）使用文字工具制作导航栏等，并用对齐与分布功能合理排版。

（3）使用贝塞尔工具绘制"搜索"图标。

（4）使用图框精确裁剪将导入的素材放在banner区域。

参考效果图如图4-2-41所示。

图 4-2-41

● 4.3.1 任务描述

1. 内容概述

本任务对 CorelDRAW 的圆角矩形工具、对象调整技巧以及文字编辑功能进行实践应用。主页内容区域展示网站的关键信息，包括文字和图片等。需要对版面布局和文字排版进行精细调整，挑选合适的字体和色彩方案，借助标题、列表等视觉元素，确保内容清晰有序，提升阅读的易用性和用户的浏览体验。同时，在设计过程中应充分体现网站的风格特征和主题思想，以展示蜀道文化节独特的文化韵味和内涵。

2. 效果图展示

主页内容区域效果图如图 4-3-1 所示。

图 4-3-1

3. 实施步骤

实施步骤如图 4-3-2 所示。

输入文本和插入图片 → 绘制图案和调整图层顺序 → 使用矩形工具绘图 → 进行图文混排 → 使用贝塞尔工具绘图

图 4-3-2

● 4.3.2 学习重点

（1）使用文本工具进行竖向文本输入和版面布局调整。

（2）使用艺术笔工具绘制图形，调整图层顺序。

（3）使用矩形工具绘制圆角矩形。

（4）使用贝塞尔工具绘制直线路径。

● 4.3.3 知识学习

1. 文本工具

文本工具用于添加和编辑文本内容。可以单击并拖动来创建文本框，在文本框中输入所需文本。同时，可以对文本内容进行字体、字号及对齐方式等多种设置。

在默认情况下，CorelDRAW 中的文本为横向排列。在处理图形设计项目时，有时需要改变文本的排列方向，操作步骤如下。

（1）方法 1：通过属性栏。使用选择工具选中目标文本，在属性栏中单击"将文本更改为水平方向"或"将文本更改为垂直方向"按钮，即可实现文本排列方向的切换（图 4-3-3）。

（2）方法 2：利用组合键。使用选择工具选中目标文本后，在英文输入法模式下按"Ctrl+."组合键可以将文本转换为竖向排列，按"Ctrl+,"组合键可以将文本转换为横向排列。

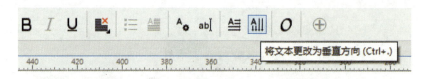

图 4-3-3

（3）方法 3：设置文本属性。单击属性栏中的"文本属性"按钮，或者选择"文本→"文本属性"命令，在文本属性面板中对文字的字体、字号、颜色等属性进行详细的设置（图 4-3-4）。

"字符"面板（图 4-3-5）与文本工具属性栏的功能类似（图 4-3-6）。

图 4-3-4　　　　　　　　　图 4-3-5

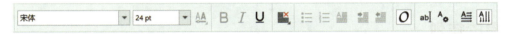

图 4-3-6

（1）字体列表 華文楷體 ：为文本选择一种字体。

（2）字号 24 pt ：可以选择预设的字号，也可以在输入框中输入具体的数值来调整字号。

（3）粗体 ：单击此按钮可实现文本的加粗处理。

（4）斜体 ：单击此按钮可以设置文本为斜体以呈现倾斜效果。

（5）下划线 ：单击此按钮能够为文本添加预设的下划线格式。

（6）文本对齐 ：调整文本的排版样式，设置其对齐方式。

（7）项目符号列表 ：为选定的文本内容添加或移除项目符号列表的样式。

（8）首字下沉 ：为选中的文本添加或删除首字下沉的样式。

（9）文本属性 ：对段落文本和艺术文本的属性进行调整。

（10）编辑文本 ：在弹出的"编辑文本"对话框中对选定文本进行编辑（图 4-3-7）。

图 4-3-7

（11）水平方向 ：可以将选定文本设置为横向排列。

（12）垂直方向 ：可以将选定文本设置为竖向排列（图 4-3-8）。

图 4-3-8

（13）交换式 OpenType ⓞ：在选定文本上显示一种指示，以表明特定的 OpenType 功能正在被应用。

2. 对象的排列

在 CorelDRAW 的图形编辑过程中，对象的排列是布局管理的一项重要操作，其目的在于优化设计元素的组织和呈现。对象的排列通常使用两种方法实现。

（1）使用菜单栏。使用"选择工具"选择待排列的对象，在菜单栏中选择"对象"→"顺序"命令（图 4-3-9）。在"顺序"菜单的选项包括一系列排列操作，包括"向前一层""向后一层""置于页面前面""置于页面背面"等（图 4-3-10 和图 4-3-11）。

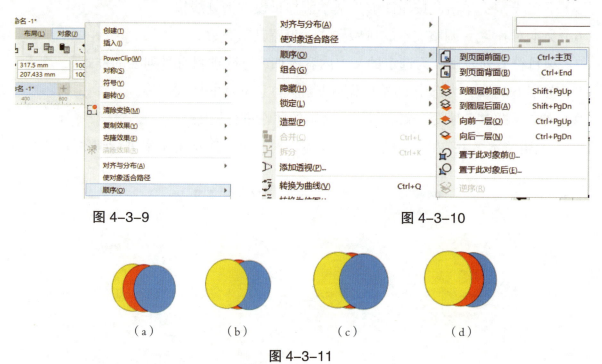

图 4-3-9　　　　　　　　　　　　　　图 4-3-10

图 4-3-11

（a）原图像；（b）到图层前面；（c）向前一层；（d）逆序

（2）使用鼠标右键。使用鼠标右键单击选定的对象，在弹出的快捷菜单中选择"顺序"命令，再根据需求，从子菜单中选择相应的命令（图 4-3-12）。

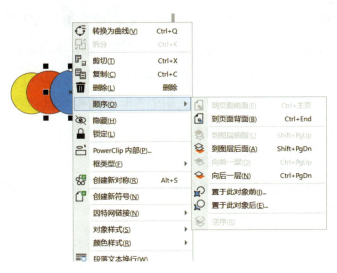

图 4-3-12

3. 矩形工具

在进行图形设计的过程中，有时需要绘制矩形或圆角矩形。CorelDRAW 的矩形工具可以实现这一需求。

（1）绘制矩形。在工具箱中选择矩形工具，将光标定位到预设的绘制位置，按住鼠标左键并拖动即可绘制矩形。若在拖动时按住 Ctrl 键，则生成正方形；若同时按住 Shift 键，则矩形从中心向外扩展；若同时按住"Ctrl+Shift"组合键，则以中心为基准向外绘制一个正方形（图 4-3-13）。

图 4-3-13

（2）绘制圆角矩形。通过调整矩形的属性设置，可以将矩形的 4 个角转换为圆角、弧形角或斜切角（图 4-3-14 和图 4-3-15）。

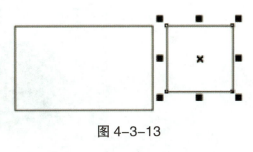

图 4-3-14

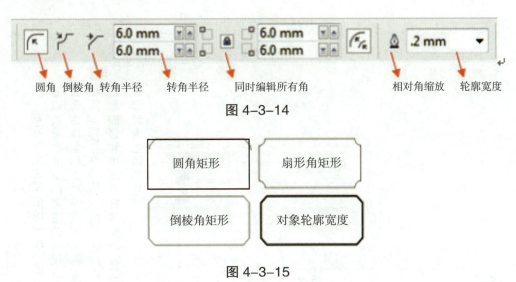

图 4-3-15

①圆角：当转角半径大于 0 mm 时，矩形的直角将被圆滑的弧形取代。

②扇形角：当转角半径大于 0 mm 时，矩形的直角会被弧形凹口取代，呈现扇形效果。

③倒棱角：当转角半径大于 0 mm 时，矩形的直角将被直边取代。

④转角半径：设置矩形转角半径的大小，以产生不同程度的圆润效果。

⑤同时编辑所有角：当启用该选项时，矩形的所有转角都应用相同的转角半径；当禁用此选项时，可以分别独立设定各转角的参数。

⑥相对角缩放：当启用该选项时，转角的大小会随矩形整体的缩放比例进行调整。

⑦轮廓宽度：调整矩形边框的粗细。

● 4.3.4 实践过程

（1）打开文档。启动 CorelDRAW，打开文件名为"蜀道文化节主题网站 .cdr"的文档。

（2）插入图片。选择第二个矩形，导入图片素材"翠云廊"，放在矩形左边合适的位置（图 4–3–16）。

图 4–3–16

（3）插入文本。

①使用文本工具，设置字体为"黑体"，字号调整为"36 pt"，颜色为"黑色"（图 4–3–17），在矩形中输入文本（图 4–3–18），同时设置文本为竖向排列。

图 4–3–17

翠云廊是古蜀道的一段，而且是以险著称的剑门蜀道的一段。翠云廊古称剑州路柏，民间又称「皇柏」，亦称「张飞柏」，位于四川广元市剑阁县和绵阳市梓潼县，以剑阁县部分为主体部分。

图 4–3–18

②在文本的右侧，以垂直方式插入文本"翠云廊"，将颜色设置为（C：87，M：49，Y：100，K：14），字体为"华文隶书"，字号为"82 pt"，并调整至合适的位置（图4-3-19）。

图 4-3-19

（4）插入艺术笔样式。

①在工具箱中选择艺术笔工具，选择新喷涂列表中的艺术笔样式，在画面中绘制一条艺术笔效果（图4-3-20）。

②选择绘制的艺术笔效果，单击鼠标右键，在弹出的快捷菜单中选择"拆分艺术笔组"命令对其进行拆分（图4-3-21）。

③选择拆分后的艺术笔组，单击鼠标右键，在弹出的快捷菜单中选择"取消群组"命令（图4-3-22）。

④选中需要的艺术笔效果，删除其余部分，按"Ctrl+G"组合键对调整后的艺术笔效果进行组合，调整大小和方向，移至"翠云廊"下方。

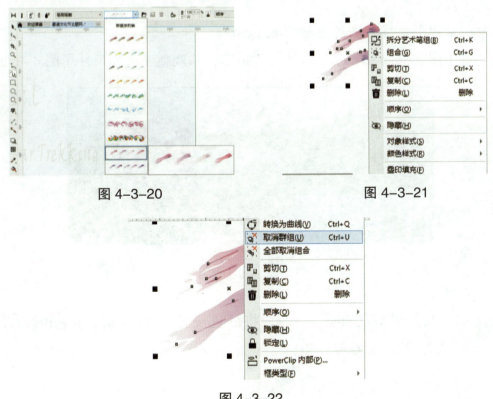

图 4-3-20　　　　　　　　　　　　图 4-3-21

图 4-3-22

（5）进行对象的排列。

①在工具箱中选择透明度工具（图 4-3-23），在属性栏中单击"均匀透明度"按钮（图 4-3-24），设置透明度的合并模式为"兰"（图 4-3-25）。

②调整图层顺序，将设置后的艺术笔效果置于"翠云廊"文字下一层（图 4-3-26）。

图 4-3-23

图 4-3-24

图 4-3-25

图 4-3-26

（6）插入图片。

①选择第三个矩形，导入图片素材"image-1"。

②使用"置于图文框内部"命令将其置入矩形，并调整至适当尺寸（图 4-3-27）。

图 4-3-27

（7）插入文本。

①输入文本"我们最好的徒步旅行"，将颜色设置为（C：87，M：49，Y：100，K：14），字体为"华文新魏"，字号为"80 pt"。

②在文字下方输入英文"Our Most Popular Trekking"，将颜色设置为（C：42，M：100，Y：100，K：9），字体为"Viner Hand ITC"，字号为"40 pt"（图4-3-28）。

图4-3-28

（8）插入艺术笔样式。在文字下方绘制艺术笔效果，使用透明度工具添加透明效果，修改合并模式为"红"（图4-3-29）。

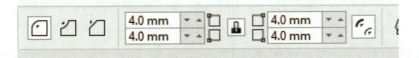

图4-3-29

（9）绘制圆角矩形。

①使用矩形工具绘制一个矩形，设置轮廓颜色为（C：36，M：28，Y：27，K：0），调整转角半径呈现圆角矩形（图4-3-30）。

图4-3-30

②在圆角矩形内部创建一个小的圆角矩形，导入图片素材"褒斜道"，将其置入圆角矩形，并调整大小和位置（图4-3-31）。

图4-3-31

③在图片下方添加文本和其他素材（图4-3-32）。

图4-3-32

④重复步骤①～③，完成剩下的内容（图4-3-33）。

图4-3-33

（10）调整整体布局，呈现最终效果（图4-3-34），保存文件。

图4-3-34

● 4.3.5 总结和评价

对照表 4-3-1 进行总结和评价。

表4-3-1　总结和评价表

评价指标	评价结果	备注
能够使用文字工具输入竖排艺术字和段落文字并排版	□A □B □C	
能够使用艺术笔工具绘制图案	□A □B □C	
能够使用对象的排列进行图层顺序的调整	□A □B □C	
能够使用矩形工具和透明度工具绘制图形	□A □B □C	
能够根据效果图完成文字的排版和设计	□A □B □C	
能够使用贝塞尔工具绘制直线并设置线型		
综合评价		

实训报告

实训项目			
实训时间		课时安排	
实训地点		主要工具	

实训过程（根据提示写出具体步骤和使用的工具）

1.输入文本和插入图片

2.绘制图案和调整图层顺序

3.使用圆角矩形工具绘图

4.进行图文混排

5.使用贝塞尔工具绘图

续表

评价指标	评价结果	备注
实训总结		

● **4.3.6 拓展案例**

设计与制作网页主要区域

▶ **设计要领**

（1）使用矩形工具绘制一个 180 mm × 297 mm 的横向矩形，填充为蓝色，无轮廓颜色。

（2）为矩形添加阴影效果。

（3）插入图片素材，调整大小并设置透明度为均匀透明度。

（4）用矩形工具绘制圆角矩形，制作邮件登录界面地址栏。

（5）输入相应的文本。

参考效果图如图 4-3-35 所示。

图 4-3-35

任务四 主页底部区域设计与制作

● 4.4.1任务描述

1. 内容概述

本任务对 CorelDRAW 的文字工具、对象布局技巧，以及曲线绘制和阴影效果添加功能进行实践应用。网页底部区域作为网站的"封底"，需要清晰展示版权、联系方式、政策条款，同时保持简洁美观，与网站整体风格一致。在设计时，应注重字体、色彩和布局，以提高视觉舒适度和互动性，引导用户分享内容，扩大网站的影响力。

2. 效果图展示

主页底部区域效果图如图 4-4-1 所示。

图 4-4-1

3. 实施步骤

实施步骤如图 4-4-2 所示。

图 4-4-2

● 4.4.2 学习重点

（1）使用交互式阴影工具为对象添加阴影效果，增强图形的立体感。

（2）使用"对齐与分布排列"功能组织对象，增强版面的层次感。

（3）使用贝塞尔工具绘制直线并根据版面风格调整轮廓颜色。

● 4.4.3 知识学习

1. 对齐对象与分布排列对象

1）对齐对象

在 CorelDRAW 中，对齐对象是指使用对齐功能调整对象的位置，使其按照一定的规则排列，以达到视觉上的整齐和美观。CorelDRAW 提供了多种对齐方式，包括左对齐、水平居中对齐、右对齐、顶端对齐、垂直居中对齐、底端对齐等（图 4-4-3）。

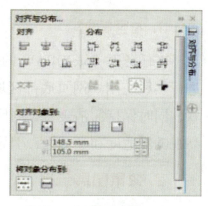

图 4-4-3

可以通过选择"对象"→"对齐与分布"命令、使用"对齐与分布"对话框、按"Ctrl+L/R/E/T/M/B"组合键、在属性栏中单击相应按钮等方法实现对齐。对齐对象具体有指定对齐、参照对齐、组合对齐等方式。

（1）指定对齐：允许用户将对象与画面的各部分对齐，或者使对象互相对齐。这种对齐方式提供了精确的控制，使设计元素可以按照设计者的意图排列（图 4-4-4）。

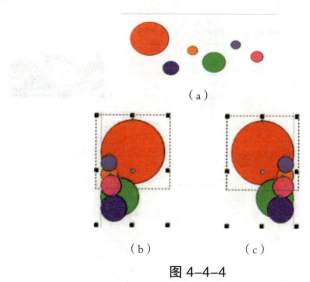

（a）

（b）　　　（c）

图 4-4-4

（a）原图像；（b）左对齐；（c）右对齐

（2）参照对齐：允许用户根据画面中的参考对象调整其他对象的位置，确保它们与参考对象保持一定的关系，如水平居中、垂直居中等，属于相对对齐（图 4-4-5）。

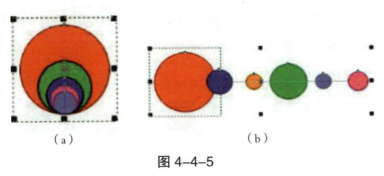

（a） （b）

图 4-4-5

（a）水平居中；（b）垂直居中

（3）组合对齐：适用于将多个对象组合成一个整体，然后对这个整体进行对齐操作。当需要同时移动或调整多个相关对象时，可以将它们组合起来，然后对整体进行对齐操作，而不是逐个调整每个对象，如进行水平居中再进行垂直对齐后会组成一个同心圆（图 4-4-6）。

图 4-4-6

2）分布排列对象

在 CorelDRAW 中，分布排列对象是指根据左右关系和上下关系，把零散的对象以相同的间距排列，从而快速解决一些细节上的排布问题。分布排列主要有以下 8 种类型，平均设置对象边缘的间距，执行不同类型分布排列操作后呈现相应效果（图 4-4-7）。

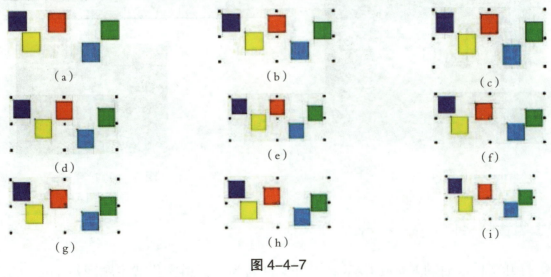

（a） （b） （c）

（d） （e） （f）

（g） （h） （i）

图 4-4-7

（a）原图像；（b）左分散排列：平均设置对象左边缘的间距；（c）水平分散排列中心：平均设置对象水平中心的间距；

（d）右分散排列：平均设置对象右边缘的间距；（e）水平分散排列间距：平均设置对象水平的间距；

（f）顶部排列分散：平均设置对象上边缘的间距；（g）垂直分散排列中心：平均设置对象垂直中心的间距；

（h）底部分散排列：平均设置对象下边缘的间距；（i）垂直分散排列间距：平均设置对象垂直的间距

不同的对齐方式与分布排列类型可以混合使用。例如，对不同的对象先进行垂直居中对齐后再进行水平分散排列间距的效果如图 4-4-8 所示。

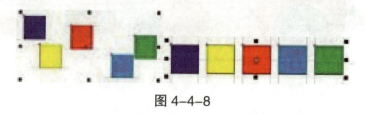

图 4-4-8

2. 交互式阴影工具

CorelDRAW 的交互式阴影工具允许用户直观调整参数，如拖动滑块改变效果，或在属性栏中精确地设置方向、颜色和羽化，即时更新在图形上，创造出各种阴影效果。阴影工具不仅支持矢量图形（图 4-4-9），也支持位图（图 4-4-10），通过拖动滑块可以创建不同的阴影效果。

此外，通过属性栏调整阴影的不透明度、羽化等属性可调整阴影效果，使阴影更加立体生动（图 4-4-11）。

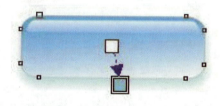

图 4-4-9

图 4-4-10

图 4-4-11

● 4.4.4 实践过程

（1）打开文档。启动 CorelDRAW，打开文件名为"蜀道文化节主题网站 .cdr"的文档。

（2）插入图片。选择第四个矩形图文框，导入图片素材"bottom-bg"，将其置于矩形图文框内部，并调整至合适的大小（图 4-4-12）。

图 4-4-12

（3）绘制矩形。用矩形工具绘制一个 634 mm × 212 mm 的矩形，填充为白色，将轮廓设置为"无"，并为矩形添加蓝色阴影（图 4-4-13）。

图 4-4-13

（4）插入图片。导入图片素材"banner-stones"，调整其图层顺序在白色矩形之上（图 4-4-14）。

图 4-4-14

（5）插入图片。导入图片素材"吉祥物"，放在矩形图文框左边合适的位置（图 4-4-15）。

图 4-4-15

（6）插入文本。使用文本工具输入所需的文本，使用"对齐与分布排列"功能调整至合适的位置，再使用贝塞尔工具绘制 4 条直线，并设置轮廓颜色为蓝色（图 4-4-16）。

图 4-4-16

（7）导入 6 张图片素材，调整每张的尺寸为宽 47 mm×37 mm，使用"对齐与分布排列"功能调整至合适的位置（图 4-4-17）。

图 4-4-17

（8）对版面内的各元素位置进行调整，呈现最终效果（图 4-4-18），保存文件。

图 4-4-18

● 4.4.5 总结和评价

对照表 4-4-1 进行总结和评价。

表4-4-1　总结和评价表

评价指标	评价结果	备注
能够使用图框精确裁剪功能制作背景	□A □B □C	
能够使用矩形工具绘制矩形	□A □B □C	
能够使用交互式阴影工具为对象添加阴影	□A □B □C	
能够使用文本工具以及"对齐与分布排列"功能对文字进行排版	□A □B □C	
能够导入图片素材以及使用"对齐与分布排列"功能对图片进行排版	□A □B □C	
综合评价		

实训报告		
实训项目		
实训时间	课时安排	
实训地点	主要工具	
实训过程（根据提示写出具体步骤和使用的工具）		

1.导入背景素材并排版

2.绘制图形并设置阴影效果

3.输入文本并排版

4.使用贝塞尔工具绘制直线

5.导入图片素材并排版

评价指标	评价结果	备注
实训总结		

● 4.4.6 拓展案例

设计与制作精美的信笺纸

▷ **设计要领**

（1）使用矩形工具绘制一个 210 mm×297 mm 的矩形，填充为绿色，轮廓为"无"。

（2）使用矩形工具绘制一个白色的圆角矩形放在矩形之上。

（3）使用贝塞尔工具绘制多条横向直线。

（4）使用"对齐与分布排列"功能将多条横向直线平均分布于页面中。使用钢笔工具和自定义形状工具绘制所需的形状。

参考效果图如图 4-4-19 所示。

图 4-4-19

本章着重介绍了以下关键知识。

（1）主页版式设计。首先，确立了主页的版面布局，以确保设计的逻辑性和视觉吸引力。其次，依据客户的需求定义了主页的尺寸和方向。在设计时，主要借助矩形工具和贝塞尔工具构建主页结构，并使用图框精确裁剪来设计和调整主页背景。

（2）主页头部区域设计与制作。主页头部区域起着核心作用，通常位于主页顶部，用于展示网站标识、导航栏、搜索栏等关键元素。在设计主页头部区域时，主要使用图框精确裁剪、"位图遮罩"功能、艺术笔和透明度工具。图框精确裁剪用于精确调整对象形状，"位图遮罩"功能用于去除纯色背景，艺术笔和透明度工具用于绘制创新图案，以增强主页的动态感和活力。此外，使用渐变填充等效果来丰富背景的视觉表现。

（3）主页内容区域设计与制作。主页内容区域是主页的核心，承载着主要信息和内容，如文章、图片、视频、产品展示等。在设计主页内容区域时，我们主要使用文本工具、艺术笔工具、矩形工具和贝塞尔工具。通过文本工具，添加和格式化标题、正文文本等，同时利用"文本编辑"功能进行排版和样式调整。通过矩形工具和贝塞尔工具，创建各种图形元素，如背景、按钮、图标等，以增强内容的表现力。

（4）主页底部区域设计与制作。主页底部区域是用户浏览的终点，需要同时提供必要信息和保持设计的简洁性。在设计主页底部区域时，使用交互式阴影工具、"对齐与分布排列"功能、贝塞尔工具、图形工具和文本工具。交互式阴影工具用于增强图形的立体感。"对齐和分布排列"功能用于高效地排列文字和图形，确保版面整洁和美观。使用贝塞尔工具和图形工具设计多样化的图形元素，以提升主页的整体视觉效果。

本章思维导图如图 4-5-1 所示。

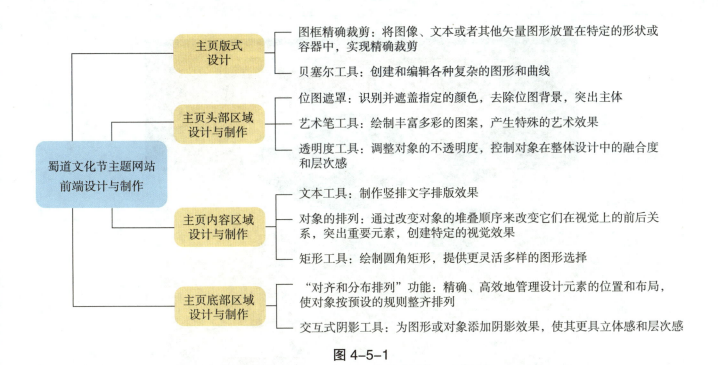

图 4-5-1

综合案例设计与制作

制作美食网站

▶ 设计要领

（1）网站布局：采用响应式布局，确保网站在不同设备上均有良好的显示效果，主要包含头部区域、banner、内容区域、底部区域等部分。

（2）头部区域设计：包含网站标题、LOGO、导航栏、收缩框等元素。

（3）banner 设计：展示特色美食，可以使用精美的图片作为背景，搭配简洁的文字描述。

（4）内容区域设计：分为多个板块，每个板块均可使用图文结合的方式，详细介绍相关内容。

（5）底部区域设计：包含网站版权信息、联系方式、友情链接等。

参考效果图如图 4-6-1 所示。

图 4-6-1